史说长安

明清卷

萧正洪 主编

王浩远 著

西安出版社

图书在版编目（ＣＩＰ）数据

史说长安.明清卷／王浩远著.－－西安：西安出版社，2018.1（2021.4重印）
　　ISBN 978－7－5541－2899－2

　　Ⅰ.①史… Ⅱ.①王… Ⅲ.①西安—地方史—研究—明清时代 Ⅳ.①K294.11

中国版本图书馆CIP数据核字(2018)第013775号

史说长安·明清卷

SHISHUO CHANG 'AN · MINGQING JUAN

主　　编：萧正洪
著　　者：王浩远
统筹策划：范婷婷
责任编辑：张增兰　乔文华
责任校对：王玉民　陈　辉
装帧设计：梅月兰　廖华英
出版发行：西安出版社
地　　址：西安曲江新区雁南五路1868号影视演艺大厦12层
电　　话：（029）85253740
邮政编码：710061
印　　刷：永清县晔盛亚胶印有限公司
开　　本：889mm×1194mm　1/32
印　　张：8
字　　数：141千
版　　次：2018年1月第1版
印　　次：2021年4月第2次印刷
书　　号：ISBN 978－7－5541－2899－2
定　　价：48.00元

读者购书、书店添货或发现印装质量问题，请与本公司营销部联系、调换。
电话：（029）68206213　68206222

序言

2018年是一个值得纪念的时间。

隋大业十三年（617年）五月，太原留守李渊起兵，七月进军关中，十一月攻占长安。次年五月，李渊代隋称帝，国号唐，改元武德，以长安为都城。这个在中国历史上影响重大的事件，到2018年恰好1400周年。当然，我们还可以由此上溯和下延，去寻找更多的重要的历史时刻。如果阅读史书，我们不难发现，在中国漫长的历史发展过程中，有许许多多杰出的人物、重要的制度和事件，都同长安（西安）有关，而李唐的建立，不过是其中一个事件而已，尽管后来的历史证明，它成了一个新时期的起点。事实上，自3100年前周文王、武王在沣水之畔建立都城丰、镐以来，在关中这个不算太大的地域里，发生过无数类似唐朝建国这样的能够从不同侧面体现文明进步的令人激动的故事。了解这些故事，一定可以令今人有所感悟。我们可以据之从一般意义上认识人类文明发展历程之艰辛曲折，亦能培养对如黄河、长江般源远流长的中国传统文化的特殊情感。

当然，无论以中国还是世界论，能够起到类似的历史与文化认知作用的地方不少。不过，长安还是有其特别之处。细究起来，从西周丰、镐到秦咸阳，汉、隋、唐的长安，再到明、清的西安，斗转星移，波谲云诡，其历程不可谓不曲折，而其文化内涵亦随时代演进而屡有变化，但总体而言，仍是相沿相袭，其因长期积累而形成的历史传统堪称根基深厚而且特色鲜明。中国历史上曾经做过都城或者发生过重要历史事件的地方多矣，但如长安这样传承既久、影响至大的，却也并不多见。

毫无疑问，长安作为历史上最具盛名的都城，其特色鲜明、内涵丰富，世所公认。即便从世界范围看，能够与之媲美的，亦为数不多。古代长安曾经集中了中国文化的精华，或者说，曾经是中华文化的典型代表。无论是其思想内容，还是其表达形式，皆堪称典范。要理解中国的历史及其同世界其他地区文明的关系，特别是解读中国制度文化的历史，离开了长安这座伟大的城市，恐怕很难找到正解。我们完全可以说，在当代中国，地理位置居中的西安，其实是理解中国传统与文化的一把钥匙。同时，长安在唐代以后的衰落，也提供了一个曲折发展历程的样本，其历史经验与教训足令后人沉思：如何适应新时代的挑战，以充满自信地保持自身的光荣与梦想？

这个光荣与梦想并不只是基于物质方面的表现。近代以来，随着社会的变迁，长安文化在许多人看来不过是一种久远的历史存在，光荣与梦想似乎只存在于记忆之中。国人和世界都不会不注意到古代关中的文化遗存。半坡的人面鱼纹彩陶盆、汉唐时代伟大的城垣和宏大的城市格局、博物馆里的金银器、分布于各处的帝王陵墓等等，都是人类极其宝贵的物质文化遗产。这些物质文化遗产当然是非常重要的，因为它代表了不同时代文明进程之中的璀璨与辉煌。不过，若我们仅仅重视这些多少属于外部性的表现，就可能失去对于内涵的准确理解，以至于偏离历史的本质。所以，我们也需要特别地重视长安文化的精神与气质。我们知道，历史上所有伟大的城市之所以千古留名，从根本上说，是因为其体现了某种足以反映时代特征的伟大思想和精神。我们说起长安，就会情不自禁地联想到汉唐气象，这说明长安具有有别于其他古代城市的特殊精神气质。而其空间格局和建筑的样式等等，在某种意义上说，只不过是其思想与精神气质的外在表现，是思想与精神气质的物化。

基于这样的认识，我们应当能够清晰地看到长安以及围绕其所发生的历史所体现出的特定思维方式、行为方式和时代特征。而本丛书，即是以时代为依据，试图从空间与时间两个方面，对长安及其相关的历史予以说明与解释。显然，长安作为历史文化的样本与典范，其意义包含了形而下和形而上，亦即物质与精神两个层面，本丛书的作者努力将这两个层面结合起来。一方面，作者以流畅而生动的语言，讲述了一系列引人入胜的故事；另一方面，揭示了内隐于历史过程之中的精神与文化特征。前者如一幅幅画卷，既有浓墨重彩，亦有意象白描；后者则如静夜之思，往往令人掩卷长息而感慨万千。我们从中能够看到，长安的历史演进所展现出的守正兼和的文化态度、推陈出新的制度性创设、持久的进取心、与时俱进的变革观念、立意高远的思维境界、具有宏大视野的文化包容气度，以及高标格的人文气质与精神，而并不总是萎靡不振和因循守旧，尽管这些特点也是王朝时代文化必然具有的重要属性，亦需要我们在阅读之中予以深刻的反思。

长安的历史进程还有一个重要的特点。正如我在前面已经提及的，它曾经在1000余年中作为王朝的都城而具有显赫的地位。可是，唐代以后，由于中国社会政治和经济的地理格局发生了重大改变，长安的命运由此中衰。在中国历史上，一个重要的城市长期繁荣且是全国的政治、经济、文化中心，甚至具有显著的国际影响力，后来竟然一蹶不振，陷入长期的落后境地，这种变化的轨迹是非常罕见的。明清时期，西安虽然也是西北重镇，但毕竟不同以往了。本丛书的作者也试图就此提出一些可资借鉴的思考。如果说，西安曾经经历了无可奈何花落去的旧日时光，那么今天，在新的时代中，那似曾相识的春燕如何能再次归来？

本丛书是为大众而写，但又基于较为严谨的学术思考。所以，作者们一方面力求语言生动，使作品具有较强的可读性；另一方面试图提出自己对于历史的独特认识，以解释历史发展的规律与社会变革的内在机制。由于各卷的作者思考各有特点，所以，各卷的风格与思考的角度亦颇有个性。这样的特点，似乎也有好处，因为它可以让阅读过程充满变化。在我看来，这倒也同历史过程相合，因为历史本身就是一个多元文化交汇而丰富多彩的进程。

值此《史说长安》丛书付梓之际，写此数语，以代序言。

萧正洪

（中国古都学会会长）

2017年12月20日

目　录

第一章 名定安天下，筑城镇三边

——西安命名与明城墙的营建

　　古都长安拥有数千年的光辉历史。汉唐盛世以后，随着中原人口的不断南迁和政治中心的东移，加之战乱不断，长安逐渐失去了作为全国政治、经济、文化中心的无上荣光。但作为西北重镇，长安的战略地位仍然极其重要。明太祖朱元璋攻占大都，覆灭元朝后，随即发兵西征。在夺取了这块战略要地后，他第一时间为其命名"西安"，并立即着手重修城池，又将第二子封为秦王，令其坐镇城中。从此，这座历史悠久的古城，便以"西安"为名，开始谱写新的历史篇章。

一、徐达攻占奉元路

　　元朝末年，吏治腐败，社会矛盾激化，加之自然灾害频繁，中原地区连年灾荒。蒙古贵族统治集团仍然对百姓横征暴敛，苛捐杂税名目繁多，百姓纷纷破产，或流亡他乡，或揭竿反抗，中华人地群雄并起。

　　长安地区元时称为"奉元路"，在元末农民战争中屡遭兵燹，经济萧条，民不聊生。结束长安数百年苦难历史，开启长安地区明清两代繁荣的人，正是明太祖朱元璋。

　　提到朱元璋其人，恐怕大家最先想到的并非正史，而是金庸先生那部几乎家喻户晓的小说《倚天屠龙记》了。在这部小说中，明太祖朱元璋客串了一回配角，成为明教教主张无忌麾下的教众。小说虽然不是历史真实，但却有历史的影子。小说中的明教，其实就是元末席卷北方的白莲教。以白莲教"明王出世""弥勒降生"为宣传口号的红巾军，三次入陕，拉开了关中地区军阀混战的序幕，同时，也大量吸收了元末诸方混战中饱受磨难的关中百姓。这也从侧面反映了明朝以前长安地区民生的悲惨和政局的糜烂。

元顺帝至正十六年（1356年），朱元璋占领集庆路（今江苏南京），改称"应天府"，将其作为自己的大本营，开始了东征西讨，最终于洪武元年（1368年），在应天府登基称帝，定国号为"明"。由此翻开了中国历史的新篇章。

朱元璋建立明朝的时候，广大北方地区仍被元朝皇帝以及各路军阀占据，所以，北伐是朱元璋的必然选择。洪武元年闰七月，朱元璋派遣大将徐达、常遇春率大军进攻大都，元朝末代皇帝逃往上都，元朝覆灭。之后，徐达、常遇春率大军移师西北。此时的陕西，尤其是关中地区，陷入军阀混战已有10年之久。先是察罕帖木儿与李思齐分别占据关中地区，察罕帖木儿遇刺身亡之后，由其外甥、义子扩廓帖木儿（汉名王保保）继续统治，陕西诸将又与扩廓帖木儿征战数年，社会早已到了崩溃的边缘。徐达、常遇春率领的明朝大军一到，元朝各路军马几乎一触即溃、瞬间瓦解。明洪武二年三月初五（1369年4月11日），徐达大军渡过泾河、渭河，抵达奉元城北三陵坡（今草滩一带）。元朝陕西行省官员早已望风而逃，长安父老千余人前往三陵坡迎接明军入城。次日，10万明军入城，受到长安百姓的热烈欢迎，民心所向由此可见。

随着明军入主，历经金、元两朝少数民族政权两个多世纪的沉重压迫之后，长安城再次被纳入汉族封建王朝的版图，由此开启了古城长安的新篇章。

二、朱元璋命名西安

　　长安古城在元代被称为"奉元路"，这其中的"元"既可以指天道本身，也可以象征元朝，因为"元"这个国号本身就是天道的象征。元朝统治者为长安定名"奉元"，即希望古城长安将元政权当作天道一样来遵奉。

　　在明军攻陷奉元路以后，"奉元"这一名称便不再合适了。为了体现元朝统治的终结、明朝统治秩序的建立，必须给奉元路拟定新的名称。

　　徐达入城后不久，就宣布改奉元路为"西安府"。"西安"这个名字是怎么来的呢？到底是徐达自作主张，还是有朱元璋的授意呢？徐达虽然功勋卓著，位列开国武臣第一人，但重要城市的命名肯定不能不经皇帝同意而擅作主张的。洪武元年八月，元大都改称"北平府"，就是朱元璋亲自下诏书确定的。西安这个名字与北平相对应，显然，在攻克之前，朱元璋与徐达等人对此已有商议。

西安从1369年命名至今，已经有将近650年的岁月。"西安"这一名称渐渐与"长安"一样，成为这座古城历史悠久的象征。

"西安"这一名称寓意深远，表达了朱元璋攻克此地的庆贺之意，并寄望西北乃至西南各地都得以平定，进而统一全国的雄心壮志。同样，这个名称也代表了当时人们向往安定、和平的美好愿望。因此，"西安"作为明清以来古城长安的正式行政区划名称延续至今。

明军进入西安的时候，关中大地饿殍遍野，朱元璋得知后，特地让明军开仓放粮，救济灾民。西安本地存粮不足，朱元璋又从河南调运粮食，每户发粮两石，由此民心大悦，明王朝在西安的统治逐步稳定下来。

三、耿炳文建造秦王府

朱元璋夺得天下之后，为了保证皇权永固，采取了分封制度，将他的子侄们分封到全国各地，建藩称王，建立王府，又辅以重兵，卫戍国家。分封在北部边防重地的藩王，是朱元璋最年长的几个儿子，他们被朱元璋赋予了镇守疆土的重任。这些藩王位高权重，又远在内地藩王之上，如秦王、晋王、燕王、辽王、宁王等。明洪武三年（1370年）四月，朱元璋封儿子朱樉为秦王，封地西安。

秦王朱樉是朱元璋第二子，地位仅次于皇太子朱标，身份尊崇。秦王受封后，西安就必须营建秦王府邸，以满足秦王来到西安以后的居住、生活等各方面的需求。因此，在秦王就藩西安之前，兴建秦王府邸就成为最为紧要的皇家工程之一。

秦王府名义上是一座王府宅邸，但并不是简单意义上的王府大院。它实质上堪称一座城中之城，无论是选址、规模，还是布局、构造等都十分考究，直接影响到了明代西安城墙的规模与布局，甚至今天西安城内的不少地标、地名和建筑也与其息息相关。

　　营建秦王府首先要考虑的是选址问题。洪武三年七月，朱元璋下诏修建各地王府。工部尚书张允上报皇帝说：诸位藩王应当在分封地选择合适的地点营建王府宫城，请秦王选用陕西台治，晋王用太原新城，燕王用元朝旧皇宫的内殿，等等。朱元璋同意了张允的奏报，命令次年开始营建各地王府。

　　张允奏报中说的"陕西台治"就是元朝设立的陕西诸道行御史台署的旧址所在地。朱元璋开国之初，天下刚刚平定，不少地方还有割据势力存在，民力尚未恢复。张允提出选择前朝大型建筑遗址作为新建王府基址的主张，既是为王府的建造节约时间，使各地藩王能够顺利就藩，更是为王府的建造减少资源和民力的消耗。

　　主持秦王府建造工程的负责人是长兴侯耿炳文。洪武二年（1369年），耿炳文跟随徐达大军攻打陕西、占领西安之后，朱元璋就命令耿炳文坐镇西安，主持一方军政要事。在朱樉被封为秦王之后，耿炳文又被拜为秦王左相都督金事，主持秦王府兴建事宜。此外，耿炳文也是西安城墙扩建工程的负责人之一。

王府选址的问题解决之后，接下来就是确定秦王府的规模和形制了。按照明代藩王府邸的统一规定，秦王府城池采用重城结构，构筑了两重城墙。内城是秦王府所在的宫城，沿着宫城筑有一重城墙，这道城墙是砖城，由青砖砌筑而成。砖墙外围开挖护城河道，在护城河以外，又修筑一重外城的城墙，这道城墙被称为"萧墙"，由土夯筑而成，并不包砖。两重城墙加上护城河，对秦王府形成了严密护卫，保卫秦王的安全。时至今日，我们仍然能在西安城内见到部分秦王府城墙遗址。现在的陕西省政府所在地就与明代秦王府遗址基本重合。位于西新街新城广场南侧的高耸的土墙，以及位于省政府东、西两侧的皇城东路、皇城西路的断断续续的低矮土墙，都是明代秦王府城墙的遗迹。

　　根据历史文献的记载，秦王府城的城廓呈现内外二重城垣，东西窄、南北长，南面城墙稍向外凸出，整个秦王府城形似一个倒转的"凸"字，而且是大、小两个倒"凸"字嵌套在一起的形制。秦王府遗址所在地——今陕西省政府大院的形制与其基本一致。

　　秦王朱樉是仅次于皇太子的第二子，地位极高，故秦王府的规模极其宏大，可谓美轮美奂。明朝人就曾指出秦王府城的规模居于各藩王府之首，远超其他藩王府邸。那么，秦王府占地面积究竟有多大呢？城墙又有多高呢？

考古学家考察秦王府遗址之后认为，暂以砖城作为规整的长方形计算，砖城南北长约700米，东西宽约430米，总面积约为0.3平方公里。这一面积约为西安大城面积的1/38，虽然秦王府的护城河、外城萧墙早已不存在了，无法进行实际测量，但是明代秦王府实际占地面积应该比现在所知的内城面积还要大得多。明代嘉靖《陕西通志》记载，秦王府砖城"高二丈九尺五寸，下阔六丈，女墙高五尺五寸，城河阔五丈，深三丈"。我们通过古人留下的历史记录可以想见，秦王府城墙高耸，墙体厚实坚固，护城河既宽且深，防御能力极强的堡垒形象如在眼前了。仅以如今对各地明代藩王府邸的研究对比即可知，秦王府的确无论占地面积还是城墙规模都远远胜过其他王府。这是为何呢？主要有两方面原因：首先，建造如此规模的秦王府具有重要的政治意义，既显示了秦王朱樉的尊崇身份，也起到了震慑人心的作用。在西安这座西北的重要政治、军事中心，兴建一座如此宏伟的王城，能够有效地巩固明朝在西北地区的统治。其次，秦王府建成如此宏大的规模也与朱元璋曾经动过迁都西安的念头有着一些关联。不管怎么说，仅从这座秦王府就可看出，秦藩号称"天下第一藩封"绝非浪得虚名。

这样一座选址考究、规模宏大的王府，历经数百年沧桑巨变之后，对今天的西安仍有不可忽视的影响，西安市内不少著名的地标就与其相关。

今天的西安城内有一个叫"端履门"的地方，位于东大街与南新街的十字路口的商业发达区域，此地如今并无任何古建筑遗址，却是西安市民耳熟能详的地方，这个地名的来历就与秦王府有关。古人把鞋子称作"履"，如成语"削足适履"。"履"又引申为"步伐"，如成语"步履维艰"；或引申为"践踩、走过"，又如成语"如履薄冰"。但是"端履"是什么意思呢？如果是端正步伐或是端正走过的意思，那么以此命名的门会是一道什么门呢？

端履门位于南新街南段，与东大街交叉。根据文献记载与实地考察可知，今天的南新街正好是明代秦王府的中轴线，中轴线南端的端履门其实就是秦王府的南大门。古人建筑房屋讲究堪舆之术。这里的堪舆，并不是我们今天所讲的封建迷信，而是古人营造建筑必须要遵守的一些朴素的科学原理。首先，建筑物要坐北朝南，才能采光条件好；其次，正门的方位要能使建筑通风透气，兼能在冬日避开北风的直接侵袭。这充分体现了我国古人卓越的建筑智慧。久而久之，南门一般均作为住宅、府邸乃至城市的正门。秦王府也不例外，南大门就是王府府城的正门。

朱元璋是个颇为勤政的皇帝，事无巨细都喜欢一手操办，各地藩王府的府城门命名，他都要亲自过问，并曾做过详细的规定。明洪武七年（1374年），"定亲王国所居前殿曰承运，中曰圆殿，后曰存心。四城门南曰端礼，北曰广智，东曰体仁，西曰遵义"。府城城门的命名原则遵循了"仁义礼智"的古训。朱元璋所定的这些名称，就是为了让他的儿子们"睹名思义"，不要忘了镇守一方、守卫皇室的重任，这样才能永保江山社稷。从这段历史记载来看，全国各地藩王府的四城门名称都是统一的，那么秦王府的南城门名称应该是"端礼门"，而不是"端履门"。很显然，这是在数百年漫长的岁月中，由于二者语音相近，逐步以讹传讹形成的误会。但"端履门"这个地名来源于秦王府是毋庸置疑的。如今，除了秦王府的南门在名称上尚有当年的痕迹外，其他几个城门或是改名，或是早已湮没在历史的烟尘之中了。当年王府的西门遵义门在清代被改称"西华门"，现在西安城内仍有西华门大街，其实应当是"西华门外大街"；而北门广智门、东门体仁门现在已经找不到什么遗迹了。

西安城内有一个以"莲"命名的公园，即西安市民十分熟悉的莲湖公园。1955年，政府又以"莲湖"命名了西安市莲湖区。这座莲湖公园又是什么来历呢？原来，它也与秦王府密切相关。秦王不仅在秦王府内大搞工程建设，还要蓄水养鱼、莳花弄草，建设各种园林景观。此外，在西安城内外还有不少离宫别苑，作为秦王游玩休憩的场所，其中有两处比较知名且保存至今：一处就是莲湖公园的前身莲花池，另一处则是唐代长安兴庆宫遗址内的景龙池。

根据考古学家的考察，莲花池原本是唐长安城的宫城正南门承天门遗址所在地。宋、元文献中没有找到有关莲花池的记载，直到明朝初年将龙首渠水引入城中，又将城西北低洼坑地就势进行了疏导开凿，这里才成为一处蓄水的大池塘，池中栽种莲花，形成了"绿茨方塘，碧波数顷，绿舟映带，鸥鹭随行"的水乡景色。在地处西北的关中地区，泛舟于莲池之中，宛如置身江南水乡。第一代秦王朱樉出生在江南，对江南的景物十分钟爱，就藩西安后，曾多番营造江南景致。他对江南的怀念都在这莲湖中得到了慰藉。莲花池因为离秦王府距离近，秦王及王妃又在池岸附近建了秦王府香火院莲池寺，祈求秦王多子多孙、香火绵长。

唐兴庆宫遗址区的景龙池是朱元璋赐给秦王朱樉的游览赏玩之所。这里古藤老树、修竹流泉，四时花木甚为茂盛，尤其是牡丹花品种尤为奇特。沉香亭、花萼相辉楼等唐代遗址到明代依旧保存完好。古迹园林独具韵味，秦王也常在此地游赏。

明朝初年耿炳文建造的仅仅是西安城内的秦王府，随着秦王子孙的不断增加，除了嫡长子继承秦王王位、袭封藩王之外，其余诸子都被册封为郡王，封号都为两个字，如永兴王、保安王、兴平王、永寿王、宜川王等等。这些秦藩的郡王也有各自的府邸宅院，都在西安城内兴建王府。西安城内可谓王府遍布，加上各个王府不免要攀比一番，也少不了园林池沼的建设。

秦藩各王府建在西安城内是出于安全考虑，园林池沼集中在城内则主要是受到祖宗家法的限制。朱元璋不允许子孙后代在城外建设离宫别苑，以防止龙子龙孙滥用民力、祸国殃民。既然不能单独建造，便只能想方设法在府邸范围之内美化生活环境。城内园林池沼的建设美化了西安城内的自然环境，一改城内缺少水景的面貌，其中一些景观一直留存至今，成为西安市民休闲娱乐的好去处。

四、濮英修建明城墙

  今天，西安已成为全国乃至全世界著名的人文旅游目的地城市，每年都吸引着来自世界各地的大批游客前来观光，旅游业也成为西安经济的支柱产业之一。来西安旅游，西安市内大量的名胜古迹是不可错过的，西安城墙是必去游览的古迹之一。我们今天所见的西安城墙就是明代修建的，后代虽屡次修葺和改动，但基本保持了原貌，成为全国现存的规模最大、最完整的古城墙，也是西安的城市地标之一。那么，明代的西安城墙是何时修建、为何修建，又是怎么修建的呢？

  唐朝灭亡之后，长安城失去国都地位，原有的城市建筑体系遭到了极大的破坏。宋代京兆城以及元代奉元城虽然是在唐长安城的基础上建造起来的，但城市范围大大缩小，只包括唐长安城内皇家居住的宫城、政府机构办公的皇城两块区域，其余的坊市、寺庙都弃置城外，与唐长安城的规模不可同日而语。

明洪武二年，大将徐达攻占奉元路，将奉元城改名西安之后，并没有急于修建西安城墙，而是把主要精力放在了秦王府的兴建上。随着秦王府选址的落实、兴建工程的推进，修建西安城墙就显得更为重要了。

在古代战争中，冷兵器发挥着最主要的作用，宋元以来火器在战争中已经得到广泛的使用，比如襄阳炮的出现。因此修建高大坚固的城墙对于抵御外敌入侵具有非常重要的战略意义。

西安城作为西北地区的战略要地，军事意义重大。明朝建立之后，元朝统治者虽被击溃，被迫退出了华北、中原地区，但是退居蒙古高原的蒙古贵族继续拥护元顺帝为其共主，军事实力仍然很强。尤其是自陕西败退的扩廓帖木儿一直屯兵甘肃，拥兵数十万，对陕西虎视眈眈，还曾反攻兰州、凤翔等地，对西安造成了不小的威胁。保卫西安这座古城，巩固西安作为西北地区政治中心、军事重镇的地位，既是明朝军队向西北进军、荡平元朝残余势力的需要，也是秦王就藩西安城的必要准备。在这种情况之下，宋元以来的旧城区就显得非常狭小了，难以容纳大量驻军以及随军迁移而来的大量人口，必须对宋元旧城进行拓展改建。

另一个修建西安城墙的重要原因则是朱元璋对于迁

都的考量。朱元璋定都应天府是在战争情况下顺理成章的选择，但历史上定都这里的王朝大多短命，又有偏安之嫌，所以朱元璋在称帝之初就有过迁都的想法。洪武二年九月，朱元璋在自己的老家濠州（今安徽凤阳）大兴土木，建造一座新的都城"中都"。此后，他又考虑过大梁（今河南开封）或西安等著名古都作为明王朝都城的可行性，因此对大梁、西安的城市布局极为重视，还曾派太子朱标考察大梁、西安的地形地势。因为考虑到西安地处西北，粮食供给困难，才最终打消了迁都的打算。虽然迁都西安没有成功，但是城市框架就此建立，城墙扩建工程也得以展开。

耿炳文在西安城内修建秦王府，沿用元代陕西诸道行御史台署的旧址，所以王府位置并不在原西安城的中心，而是在偏东北部。西安城墙的首要功能就是保卫城内秦王府的安全，这就决定了西安城墙必须在宋元城址的基础上向北、向东大幅扩展，这样才能将秦王府护卫在西安城墙的中心区域。

洪武七年七月，耿炳文、陕西行省参政杨思义、都指挥使濮英联名给朱元璋递上一份奏报，称"陕西城池已役军士开拓东大城五百三十二丈，南接旧城四百三十六丈，今欲再拓北大城一千一百五十七丈七尺，而军力不足。西安之民耕获已毕，乞令助筑为便"。朱元璋于是命中书省"考形势规制，为图以示之，使按图增筑，无令过制，以劳人力"。从这段历史记载可以看出三个问题：第一，西安城墙拓展的方向是东城墙与北城墙，工程的施工者起初全由士兵完成。第二，要想拓宽城墙，必然要把原先宋元时期的旧城墙拆除，在此基础上才能实施拓宽改造工程。洪武七年的奏报中城墙拓展工程已经完成了大半，这就说明工程起始时间应当更早，大概与秦王府兴建时间大致相同。第三，中书省是西安城墙拓展项目的总设计方，规划设计图都由中央定夺，而在西安的耿炳文，尤其是都指挥使濮英则是拓展西安城墙工程的具体实施者。历经了四年时间，直到洪武十一年（1378年），秦王朱樉来到西安时，西安城墙拓展工程才基本完工。

根据考古实际测量，西安大城东城墙长2886米，西城墙长2708米，南城墙长4256米，北城墙长4262米，周长14112米。城内面积约12平方千米。城墙高12米，顶部宽12～14米，底厚15～18米，城墙极为厚重。明代共开有四座城门：东门长乐门，西门安定门，南门永宁门，北门安远门。4座角台，98座敌台，5984个垛口。城门、角台与敌台上建有高大的城楼、角楼与敌楼，城外还挖掘了宽阔的护城河。城池气势雄伟，戒备森严，体现了明代西安城的重要地位与战略意义。西安城墙是我国规模较大、保存完好的古代城垣遗址。早在1961年，西安城墙就被列入第一批全国重点文物保护单位名单之中。

细心的读者可能发现了一个问题，既然说西安明城墙要将秦王府环护在中心位置，但是就现在秦王府的遗址而言，秦王府仍然是在城内北大街与东大街合围的范围之内，依旧是偏向东北，并不在城市的中心，这又如何解释呢？我们查看明代人绘制的《陕西省城图》就会发现，四座城门之外，唯独东门有关城，并且建有城墙，明朝人称之为"东郭新城"。由此推测，东关城的兴建应当是明朝初年的事情，也是西安城墙拓展工程的重要组成部分。因为东门长乐门外有一些高地，现在还留有"古迹岭"等地名。修建东关城，可将东门外部分高地包罗在城墙范围之内，更重要的是建成之后，真正使秦王府处于西安城的中心位置了，安全保卫方面更无后顾之忧。

由此说来，明朝人都把东关（东郭新城）作为西安城墙的重要组成部分，西安明代城墙的周长也就不是14112米这个数字了，还要加上东关城墙的长度。因此明朝人一般说西安"城周四十里"，清初也基本沿用这一说法，如雍正《陕西通志》记载，"洪武初，都督濮英增修，周四十里"，此说法并无夸大。

明代拓展西安城墙之后，西安城的长、宽均比元代奉元城扩展了30%，城区面积扩大了80%以上。至明朝中叶隆庆年间，陕西巡抚张祉又兴工加固城垣，在城墙表面加砌了一层青砖，改变了原来西安城墙只是夯

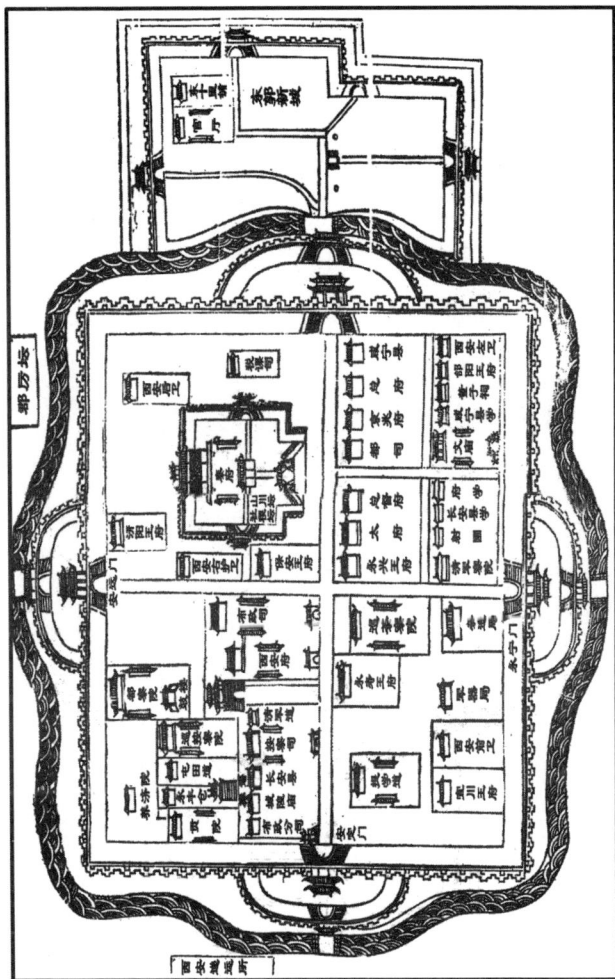

陕西省城图（明嘉靖《陕西通志》）

土城墙的旧貌。明末崇祯年间，陕西巡抚孙传庭又增修了四座关城。

因为西城墙和南城墙是沿用元代奉元城，所以现在西南城角是圆形的外突，而其余三处城角都已经按照中原地区的传统惯例改成了方形城角。西南城角可谓西安城墙的一大特色。此外，南城墙与唐代长安宫城城墙存在叠压的情况，也就是说，现在西安南城墙底下压着唐长安城宫城的城墙。经过考古工作者的发掘研究，在南门永宁门以西，发现了唐代含光门遗址，只是自宋代以后这座城门便已堵塞不通，不再作为城门使用了。

总之，西安城墙作为西安最著名的景点之一、最有价值的文物古迹之一，不仅至今仍完好地保留着这座古城600余年前的风貌，而且无时无刻不彰显着古城西安厚重的历史底蕴，是全体西安人民的骄傲，也是全民族最珍贵的文化遗产之一。

第二章 晨钟传百代，暮鼓满三秦

——钟鼓楼的故事

来到今天的西安市城区，无论从东西南北哪一座城墙正门进入城内，沿着笔直宽阔的大街，都能看到远端有一座雄伟的古建筑，那就是西安最著名的建筑之一——钟楼。钟楼西侧，有一座形制与之相似的建筑——鼓楼。钟鼓楼不仅位于城市中心，也是整个西安市的商业和文化中心，在西安人心中的地位丝毫不在大小雁塔之下。

钟楼位于东西南北四门中轴线的交点上，作为中心点的钟楼又与四座门楼遥相呼应，构成了西安城市布局和谐、整体的美感。鼓楼在钟楼西北方，南临西大街，北边则是南北向的小街道，名为"北院门"，因为此街是回族聚居区，又俗称"回民街"。1996年，西安钟楼、鼓楼被列入第四批全国重点文物保护单位名单。本章我们就谈谈西安钟楼与鼓楼的历史。

一、鼓楼的兴建

来到今天的西安市，无论从东西南北哪一座城墙正门进入城内，沿着笔直宽阔的大街，都能看到远端有一座雄伟的古建筑，那是西安最著名的建筑之一——钟楼。钟楼西侧，有一座形制与之相似的建筑——鼓楼。钟鼓楼不仅位于城市中心，也是整个西安市的商业和文化中心，在西安人心中的地位丝毫不在大小雁塔之下。

钟楼和鼓楼是中国古代重要的公共建筑。在没有钟表等计时工具的年代里，人们往往依靠钟楼和鼓楼发出的"晨钟暮鼓"来大概地掌握时间，安排好一天的生活。因此在中国古代，尤其是明清时期，上至都城，下至县城，都设有钟楼和鼓楼，为城里人提供服务。西安的钟楼和鼓楼始建于明代，其中鼓楼兴建时间较早，钟楼则稍晚，而且后来曾经迁移过一次。历经600余年的沧桑岁月，钟楼和鼓楼早已成为西安城内的标志性建筑。1996年，西安钟楼、鼓楼被列入第四批全国重点文物保护单位名单。

西安鼓楼的建造始于明洪武十三年（1380年）。这年九月初一（9月29日），长兴侯耿炳文、秦府左长史文原吉、右长史汤诚之，偕同陕西布政司左布政使王廉、西安府知府王宗周等人觐见秦王，向秦王报告即将开建鼓楼的情况，建造工程随后展开。此时，秦王朱樉已到达封地西安两年有余了。

鼓楼是在元代敬时楼的旧址上建立起来的，由上、下两部分组成，上部是木构殿宇式建筑，下部是砖石基座。基座为长方形，正面开有一重券门，上起木质楼阁，含城台共有三层，这种形制的古建筑被称为重檐三滴水式（即三层檐），各层檐下均饰有斗拱，第一、二层的周围均有明柱回廊。面阔为连廊七开间，进深五开间，重檐歇山式的大屋顶，内有楼梯盘旋而上，在檐上覆盖有深绿色琉璃瓦，楼内廊柱上均有贴金彩绘，雕梁画栋。鼓楼总高36米，占地面积1377平方米。

全国范围内留存至今的明代鼓楼数量并不少，但像西安鼓楼这样形制巨大、保存完好的就不多了。明初都城南京的鼓楼、明中都凤阳的鼓楼都只有砖石基座是明代旧物，殿宇建筑则早已付之一炬了。北京的明代鼓楼保存完好，与西安鼓楼外形也颇为相似，但是都城鼓楼

西安鼓楼

正面开三重券门，南京、北京、凤阳鼓楼都是如此。西安虽然是西北重镇，但与都城还是存在显著差别的，正面只开一重券门，连通北院门和西大街。这成为西安鼓楼的显著特点。

如今的鼓楼上有两块硕大的匾额，一块在顶层南面的檐下，蓝底金字的大匾上刻有"文武盛地"四个大字；另一块同样的大匾挂在顶层北檐下，刻"声闻于天"四字。两块匾额都是清乾隆五年（1740年）陕西巡抚张楷重修鼓楼之后，由咸宁县名儒李允宽根据乾隆皇帝御笔摹刻而成。

二、明初钟楼的建造

钟楼的建造略晚于鼓楼。我们今天看到的钟楼处在东西南北四门中轴线的交点上，就像是数学中平面直角坐标系的原点。这座钟楼虽然也是明代建造的，但并不是明朝初年的钟楼。

明初钟楼原址在今天西大街以北广济街口的迎祥观内，始建于明洪武十七年（1384年），比修建鼓楼晚了4年。那么，明初的钟楼是什么样子呢？明嘉靖《陕西通志》中的西安城池图，名为《陕西省城图》（见前文021页），图中钟楼在鼓楼西侧不远处，与鼓楼一东一西，互为映衬。鼓楼是大屋顶建筑，砖石基座上开有一重券门，与现在的鼓楼形制基本一致。钟楼也由上、下两部分组成，但其中砖石基座并没有南北向的券门，是不是存在东西向的券门，单凭这幅图已经无法得出结论了。钟楼上的木构建筑类似一座小阁楼，楼顶绘有五个尖角，中心一角高于其余四角。这种建筑物的屋面在顶部交汇为一点，形成一个尖顶，建筑学上称之为"攒尖建筑"。因为屋顶没有正脊，所以钟楼在明初应当就是基座为正方形的建筑。不像鼓楼，有一根直直的大梁，形成一个东西长、南北短的大屋顶。

三、钟楼的迁移

明万历十年（1582年）陕西巡抚龚懋贤与咸宁、长安两县的知县共同组织移建钟楼，新址位于东西南北四条大街的交会处，从而形成了以钟楼为中心，将西安城区分为四大片区的格局，这种格局一直维持至今不变。

自洪武十七年建造钟楼，到万历十年迁移钟楼，钟楼在迎祥观内已有200年历史，好端端的，为什么要费时费力进行迁移呢？龚懋贤写了一篇《钟楼碑记》叙述此事，文章中虽然也没有具体说明迁移原因，不过从文末所附的一首古歌中，我们可以寻得一点蛛丝马迹：

羌兹楼兮谁厥诒？来东方兮应昌期。

挹终南兮云为低，凭清渭兮衔朝曦。

鸣景阳兮万籁齐，章木德兮奠四隅。

千百亿祀兮钟簴不移。

从这些词句可知，龚懋贤认为迁移后的钟楼独具优势，离东方更近，南望秦岭，北凭渭河，占据中心位置，既可统御全城，又奠定了城内四大区域，可谓一举多得。

迁移后的钟楼砖石基座，设有东、西、南、北四门，分别与西安城四门对应，成为管理四门大街、沟通四座城门的枢纽，牢牢地控制着四条主干道的交通往来。由此看来，迁移钟楼也存有城市治安防范的需要。龚懋贤说："西安钟楼，故在城西隅，徙而东，自予始。楼惟筑基外，一无改斮。"这一说法应当是可信的。迁移后的钟楼仍然是正方形基座、攒尖顶子。基座高8.6米，宽35.5米，四面券形门洞高、宽均为6米。地面到宝顶高36米。楼的建筑也是重檐，三滴水（即下层楼有一层檐，上层楼有两层檐）。楼深、广各五间，两层楼均有明柱回廊，内有楼梯，可以盘旋上至顶层。

既然是钟楼，自然得有一口大铜钟了。明清西安钟楼内使用的铜钟是唐代的景云钟。这口钟高近

西安钟楼（喜仁龙1921年摄）

2.5米、腹围近5米，重6吨，口沿为六角弧形，顶端有兽钮，钟上还有筑造铭文，雄浑古朴。由于这口大钟的文物价值极高，不适宜继续留在钟楼供游客敲击，已经移至碑林博物馆妥善保存了。现在钟楼上的大钟则是景云钟的复制品。

古都西安历史悠久，现存的标志性历史遗迹多可追溯至唐代以前，但是能够体现明代西安风貌，又独具文化价值的地上文物就寥寥无几了。钟楼和鼓楼与西安城墙一样，不仅是明代古城西安遗留下来的重要历史记忆，同时气势恢宏，保存完好，共同构成了当代西安文化和旅游的一张闪亮名片。

第三章　王孙富且贵，苦恨谁人知

——明代秦藩的历史

为巩固统治，明太祖朱元璋将自己的子侄封为藩王，分封到全国各地镇守。其中，地位最尊崇的当属秦藩。从第一代秦愍王朱樉，到末代秦王朱存极，秦藩的历史贯通了整个明王朝的兴衰。作为朱元璋的第二子，历史上作恶多端却又常常令人啼笑皆非的第一代秦王朱樉究竟是个怎样的人？秦王从手握军权、号令一方的西北王，到困守城中、空有锦衣玉食的囚徒，究竟经历了怎样的过程？数百年的兴衰，秦藩给我们后人留下了怎样的历史财富？本章就带领大家走近号称"天下第一藩封"的秦王。

一、为非作歹的秦王朱樉

西安城市的历史总与历史风云人物密不可分。被朱元璋寄予厚望的秦王朱樉，却是个为非作歹的人，在西安城内干尽坏事，最终被王府奴仆投毒害死。朱元璋又气又恨，亲自书写长篇祭文痛骂他的胡作非为。燕王朱棣夺得皇位之后，不断削夺藩王权力，朱樉的后世子孙只能困守在秦王府内，做一个锦衣玉食的皇家囚徒。最后一代秦王朱存极视财如命，天气严寒也不肯为守城士兵添置棉衣，最终落得被李自成农民军活捉、死于非命的下场。

朱樉是明太祖朱元璋的第二子，跟太子朱标一样，生母都是朱元璋的皇后马氏，出生于元顺帝至正十六年十一月丁亥（1356年12月3日）。洪武三年（1370年）四月，朱元璋封朱樉为秦王，时年14周岁。

明洪武三年长兴侯耿炳文负责建造秦王府，直到秦王府建造完备后，秦王朱樉才于洪武十一年（1378年）就藩西安。以古都西安作为秦王的封地，朱元璋显然是有着特别的期待。在册封秦王的文书里，朱元璋对秦王提出了殷切的希望："勤民奉天，藩辅帝室，允执厥中，则多膺多福。"朱元璋又为朱樉选定了王府官员和师傅，郑九成为秦府左相兼陕西行省参政，王克让为左傅，文原吉为右傅，管理秦王及王府事务。朱元璋还不忘教导郑九成等人，让他们好好辅佐朱樉。显然，朱元璋是希望朱樉能够起到坐镇关中、镇守西北的战略作用，为己分忧，为家国出力。

　　朱樉抵达西安之后，朱元璋还郑重其事地送玺书予他。玺书中说：关中地区自从元朝末年天下大乱之后，民生凋敝，老百姓异常辛劳。等到我平定天下以后，又有转移输送的劳役，西到凉州（今甘肃武威），北到宁夏，南至河州（今甘肃临夏），关中地区的百姓一直没有得到休养生息，我也特别同情悲悯他们。现在你已经到西安当秦王了，如果秦王府宫室已经完工，其余那些不着急的工程就应该缓一缓，不要急着去做了，不要让老百姓太过辛苦才是。

　　朱元璋的告诫可谓用心良苦，但是，秦王朱樉真的达到父亲的期望了吗？

　　今天的西安人聊到明代的历史掌故时，不少人还知道这么一个关于秦王朱樉的故事：明朝初年，朱元璋不许民间直接以银子作为货币流通，而是发行了大量的纸钞，称为"宝钞"。纸钞不仅难以保值，且不耐久存，容易腐朽。一日，秦王朱樉听了库吏汇报，得知府库中有大量朽烂的宝钞，心疼不已。时有小人进言，可以将损失转嫁给城内百姓，朱樉大悦。遂令人携库中烂钞往百姓处强行买羊，买到羊之后，再高价将羊卖还给百姓，且只换铜钱。一来一回，不仅把烂钞彻底处理掉了，还多赚了不少钱，搞得城内百姓怨声载道。而秦王朱樉却自以为得计，开心不已。

这故事听起来颇为荒诞。身为天潢贵胄的朱樉，竟能做出这种比奸商更令人不齿的行为，实在是匪夷所思。但是，这件事并非传说，而是真实发生过的历史事件。事实上，朱樉的恶劣行径远不止于此。那么，朱樉究竟是个什么样的人呢？他又做了哪些让当时人深恶痛绝，让后世人啼笑皆非的事呢？

说到秦王朱樉的性格和为人，还要从他的婚姻说起。明初诸位皇子多与王公大臣联姻，姻亲大多是跟随朱元璋打江山的功勋老将，但是朱樉的婚配对象却有些特别。洪武四年，朱元璋替他定了一门外族亲事，王妃人选是前朝太傅、河南王扩廓帖木儿的妹妹王氏。王氏是扩廓帖木儿家族的汉族姓氏，实质上并不是汉族人，只是其家族深受中原汉文化的影响，才给自己取了汉姓。扩廓帖木儿家族是纯正的蒙古贵族，元初随世祖忽必烈平定中原，留居河南。元末明初，扩廓帖木儿转战陕西，家族成员仍在河南居住。到了明洪武二年，明军势如破竹攻克陕西，扩廓帖木儿远走甘肃之时，对远在河南的家族亲属已无暇照应，这其中就包括他的妹妹王氏。

朱元璋相中王氏有多重考虑，首先是出于政治考量。扩廓帖木儿长期与明廷为敌，朱元璋试图联姻蒙古上层统治者，感化扩廓帖木儿，最终消灭北元残余势力，一统北方；其次，朱元璋本人对扩廓帖木儿非常敬重，称他为"天下奇男子"，颇有爱才之心；最后，秦王朱樉在众藩王中的地位首屈一指，由他来娶王氏，最能体现皇帝对扩廓帖木儿的诚意。

王氏原本想拒绝这门婚事，但她既没有非常充分的理由，也没有拒绝的底气，只能以外祖父去世，自己尚在丧期不能成婚为由，试图婉拒。但朱元璋可不给王氏拒绝的机会，直接派出宦官、女官到王氏家中，颁布册文，称她是"名家贤女"，授予金册，立为秦王妃。圣旨下达，王氏不得不接受这桩婚事。

朱樉对这门婚事更是心有怨愤。起初，他并不敢表露出对父亲的不满，只是与王氏之间的夫妻关系极为冷淡。后来，朱元璋试图以联姻打动扩廓帖木儿，一统塞北的希望彻底破灭，朱樉与王氏的婚姻便彻底失去了政治作用。朱元璋心知夫妻二人不睦，遂于洪武八年（1375年）十一月，征卫国公邓愈之女为秦王次妃。但是按照礼法，朱元璋终究觉得此事有伤皇家颜面，所以这次朱樉纳次妃不传制、不发册，也不亲迎，完全没有走正常的皇家婚礼程序。即便如此，邓妃的到来也让王氏的地位变得岌岌可危。朱樉纳次妃后，与邓氏感情颇佳，加之邓妃本身也不是省油的灯，多番挑唆，导致朱樉对正妃王氏愈发不满。于是他趁着就藩西安，天高皇帝远的机会，将王氏幽囚于宫中，供给不洁的饮食，日日加以虐待，完全不顾惜本人的面子和皇室的尊严。由此不仅可见朱樉本人对这桩婚姻深恶痛绝的态度，也直接体现了他乖张狠毒、行事莽撞、不计后果的性格。

事实上，朱樉与王氏这桩失败的婚姻不只给王氏带来了极大的苦难，对朱樉本人也是一场心灵的折磨。没有贤妻作为内助，本就性情乖戾的朱樉，彻底把父亲的谆谆教诲抛在脑后，犹如发狂的猛兽，在藩地开始了胡作非为的生活。他屡犯法度，可谓犯下了累累罪行，惹得民怨沸腾，完全没有起到震慑西北的政治作用。朱元璋多次大发雷霆，对其恨得咬牙切齿。朱樉生前，朱元璋就曾多次警告、训诫，甚至召其回京反省，但朱樉丝毫不顾念父亲一片苦心，回到西安之后更加肆意妄为。洪武二十八年三月二十日（1395年4月15日），王府内多年的矛盾和隐患终于爆发，朱樉在王府内被奴婢毒杀身亡。

晚年的朱元璋对朱樉的早逝又恨又痛，写下了《谕祭秦王祝文》。这篇祭文名为祭奠，实为罪状，在古今祭文中堪称绝无仅有。朱元璋在祭文里痛斥了秦王的累累罪行。此祭文通篇都是朱元璋口述语气，通俗易懂，且感染力极强。现将朱樉罪状一一列出：

（一）尔居母丧，未及百日略无忧戚，不思劬劳鞠育之恩，辄差人往福建、杭州、苏州三处立库，收买嫁女妆奁。孝心安在？

（二）尔国内凡有罪人，每命拿赴京来，本欲为尔穷究奸恶，除尔国害。尔乃恐其赴京言尔非为，即时杀死，以灭其口。如此者数番，故违父命，罪莫甚焉。

（三）听信偏妃邓氏，将正妃王氏处于别所，每日以敝器送饭与食。饮食等物，时新果木，皆非洁净，有同幽囚。为夫之道，果如是乎？

（四）听信偏妃邓氏拨置，差人于沿海布政司收买珠翠。

（五）洪武二十七年（1394年）间来朝，着令三护卫于龙江收买玉器真珠等物，致令告发。尔先为收买珠翠，已自家破人亡，今又不改前非，果何所为？

（六）因打扫殿宇，搜出男子一名，本是宫中过宿者，不行究问明白，轻易杀了，因此宫中小人，得以为非，是非莫知所以。

（七）听信元朝假厮儿、王婆子教诱，服淫邪之药。于军民之家，搜取寡妇入宫，陆续作践身死，非人所为。

（八）连年着关内军民人等收买金银，军民窘逼，无从措办，致令将儿女典卖。及至三百余人告免，尔却嗔怒，着拿来问。走了二百，拿住一百，日内即时杀死老人一名。当时天怒，大风雨甚，拔折树木，满城黑暗，对面人不相识。天谴如此，并不省惧。

（九）将杭州买到女子王氏，同行院二名共管王宫事务。如此倒置，何以齐家？

（十）于苑中开挑水池。池本沙土，不能蓄水，潦水漫流，暂时积满，不久即便干涸。着令军士用桩板堰底，周匝以砖砌之。离城二十余里，于沪河内取涂泥铺上，挑水养鱼。殊不知其地本是沙土，虽把涂泥做成池底，终久渗漏，如何盛得水住，这不是十分至愚？又于池上建立亭子，不恤军士，只做囚徒一般役使，以致天怒，雷击碎了亭子，鱼皆飞去。

（十一）听信郭火者拔置画美女图，差人赍往杭州照样寻买入宫。

（十二）与偏妃邓氏于花园台上同坐，令宫人卷衣至膝上，于姜擦上跪行。至半坡，宫人膝痛，跌倒滚下，却说打得好筋斗，以为笑乐。

（十三）在殿内听政座上，两手牵两行院，坐于脚踏左右，行院仰面笑说："我两个偏做不得妃子。"不自尊贵，致令小人如此无礼。

（十四）烧造琉璃故事，做成假山，以为玩好。如此妄劳人力。

（十五）制造后服与偏妃邓氏穿着，又做五爪九龙床如大殿御座之式，且前代藩王只用四爪龙床。尔乃如此僭分无礼，罪莫大焉。

（十六）为妆奁事，合拿刘镇抚，却改作胡镇抚。三次提取不发，直至小人畏惧事发，出首到官。

（十七）长史之官，即是王相，职专辅导谏诤，必当以礼相待，朝夕与他议论国政。尔却听信火者典仗拨置，将长史（指文原吉）擅自捶辱。自此之后，无人敢言。以此全不忌惮，纵恣非为，致使国无政事，遂殒厥身。

（十八）本府已有羊一十五万，又信从库官人等拨置，将库内烂钞于民间买羊来卖，有同商贾，岂王所为？

（十九）护卫军士，多有贫窘的，尔本府每岁剪下羊毛，不下百十余万。若将此等羊毛，捍（擀）成毡衫毡袄，散与军士御寒过冬，其军士岂不感恩思报？遇有紧急，必肯舍死出力。尔却起递运车辆，运赴河南等处发卖。为王之道，果如是乎？

（二十）尔妹公主府第，都是定制，周回不过百十余丈，皇城亦不过九百余丈。尔起盖郡主府，房屋一百余间，周围墙四百丈，比之皇城将近一半。设若尔有十女，城内恰好只盖得你郡主府，百姓都用出城去住。如此过分劳民，岂不愚甚！

（二十一）土番十八族人民，我千方百计安顿抚恤，方得宁帖。尔因出征，却将他有孕妇人搜捉赴府。如此扰害，将人夫妇生离，仁心安在！

（二十二）尔于殿上闲立，有杭州买到女子王官奴从后走来，潜地将尔跌倒，尔却惊问是谁？本人笑说便是王官奴。盖因尔平日与她亵狎，无尊卑之分，致令小人敢肆凌侮。

（二十三）尔常将行院二三十人入宫住宿，趱促宫人做造衣服与穿。或过半月、一月，打发出去。宫中事务，都是这等丸籍妇人出外泛舌声扬，却听信王官奴并行院二人言说，都是宫中女子泛舌，尔便将那女子割了舌头。如此全无分晓，滥杀无辜。

（二十四）征西番，将番人七八岁幼女掳到一百五十名，又将七岁、八岁、九岁、十岁幼男阉割一百五十名。未及二十日，令人驮背赴府，致命去处所伤未好，即便挪动，因伤致死者大。

（二十五）出征军士，将带儿男挑运衣粮。尔不恤军士艰苦，却将此等幼男一概阉割。如此全无仁心！

（二十六）征西番时，军士粮食，驴驮、车载、人肩一千四五百里，如此艰苦。平贼之后，将军人所得牛羊拘收三千余只，以为己有，不行散与军士以当粮食。如此无知！

（二十七）在宫中闲逸无度，将妇女用稠黏厚粉涂面，胭脂画口，将近耳垂。就令本妇两手执纸旗二面，飞舞奔走，宫人喧笑躲避。又将宫人以墨涂面，用大紫茄二枚缀于两耳，令两人肩此妇行，盘桓殿廷廊庑，以取欢乐。宫人见者，无不喧笑。如此荒荡无礼！

（二十八）偏妃邓氏，因妒忌被责，自缢身死。自此之后，再三省谕，以礼相待正妃王氏。不听父教，仍将王氏幽囚宫中。夫妇之道，并无一定之人，不过宵昼与无知群小放肆自乐。由是宫中无主，饮食起居，无人撙节看视，因而恣纵。非法刑诸宫人，有割去舌者，有绑缚身体埋于深雪内冻死者，有绑于树上饿杀者，有用火烧死者。老幼宫人见之，各忧性命难存。以致三老妇人，潜地下毒，入于樱桃煎内，既服之后，不移刻而死。呜呼！观尔之为，古所未有！论以公法，罪不容诛。今令尔眷属不与终服，仍敕有司浅葬，降用公礼。俾尔受罪于冥冥，以泄神人之怒。尔其有知，服斯谕祭。

这指斥秦王朱樉的28条罪状真是痛快淋漓，毫无隐晦，直把好端端的祭文变成了一篇檄文，声讨朱樉的不忠、不孝、不仁、不义。朱樉买羊卖羊的行为，相比这

28条中的绝大多数罪行，真是不值一提。

秦王的罪行不只发生在秦王府内、西安城内，还给西北防务安全带来了非常恶劣的影响。在朱樉被杀3个月之前——洪武二十八年正月，朱樉领兵出征西番于洮州，对待投降俘虏极为残暴贪婪，搜捕土著孕妇抓入王府，掳掠番人幼男幼女各百余名，幼男被阉割，不少因伤致死，无法为出征军士挑运衣粮。各种荒诞的罪行，真是罄竹难书。

心理变态的朱樉时刻威胁着老幼宫人的性命，多年积累下来，矛盾已经到了不是你死就是我亡的地步，这对朱樉这位高高在上的亲王来说，才真是致命的。果然，三位老宫女在忍无可忍之下，不得不定下谋杀秦王的毒计。在秦王常吃的樱桃煎中放入毒药，将朱樉毒死。朱元璋认为，朱樉之所以会被毒杀，主要就是因为他将正妃王氏幽禁起来，王府庶务极度混乱，秦王日常的饮食起居没人照顾和把关。可以说，朱樉的死是咎由自取，既在意料之外，又在情理之中。

秦王朱樉的一生，对他的正妃王氏，对他治下的百姓，甚至对他自己来说，都是一场悲剧。那么，造成这场悲剧的原因是什么呢？是草莽出身的朱元璋和马皇后对儿子疏于管教，还是朱樉自己天生愚蠢残暴所致？

事实上，朱元璋并不是个一味放纵儿子的人，他对于自己的儿子们有着极高的要求和期许。在古代父权当道的宗族社会里，繁衍与教育子嗣不仅是个人的私事，更与整个大家族的荣辱密切相关。每个父亲都会对儿孙寄予厚望，并尽力扶持自己的后代，让他们承担家族繁衍和兴旺的重任。朱元璋贵为天子，又是农民出身，总想着将儿子们分封到全国各地，既可以保卫边疆、安抚百姓，巩固朱家的皇权，又可以让太子以下的各个儿孙都过上滋润富足的生活。为此，他采取了分封的制度。

朱元璋曾经三次大规模封王，一共封了24位王，成年以后就国者18人，藩地遍布全国。只是各位藩王有封地但没有国土，有军事权但没有行政权，可以带兵打仗，但是不能插手地方事务，也不能管理所在的老百姓。比如说秦王，封地在西安，他常奉命率兵出征塞北，与分封在山西的晋王、北平的燕王，采取联合军事行动，但是他却不能够插手西安乃至陕西的行政事务。朱元璋为了让儿子们过上好日子，让他们享有丰厚的岁禄，在司法及人事上拥有特权，可以自行管理王府事务，一个王国就像一个小朝廷，亲王的地位超脱、待遇优厚。

朱元璋在儿子们的教育问题上也是煞费苦心，常以自己幼年失学为憾事，又深感治理国家必须接受儒家文化的影响和吸取历史的教训，因此对子孙的教育极为重视。在皇宫里特别建设宫殿以储藏古今图书，征聘名儒学士教育太子及诸王，轮流教课、谈古论今、探讨文

秦愍王墓神道石刻武将

学，以便让诸子知晓修身治国之道，熟练文章，能够应付政事文书，其中就有著名的大儒宋濂、孔克仁等人。可见朱元璋对于子孙教育的重视程度非同一般。

如此悉心教导之下，众皇子中还是出现了秦王朱樉这样一个性格乖戾、品行不端的败家子，让人不得不感叹一声造化弄人。

但朱樉之事，朱元璋也绝非完全没有责任。朱元璋虽然在祭文中痛骂朱樉，说朱樉是"古所未有！论以公法，罪不容诛"，但从字里行间却能看出其作为父亲的深切伤痛与极度护短，他认为虽然做尽坏事的是自己的儿子，但是儿子只是愚蠢了些，都是被人挑拨教唆才会如此，那些宵小之徒才是首恶，最为可恨。

从朱元璋祭文中所列这些罪状的细节就能看出，朱元璋并不是直到朱樉死后才知道这些罪行。事实上，早在洪武二十年（1387年），朱元璋就撰写了《纪非录》，揭露诸王罪行，其中秦王罪行已达到37项。洪武二十四年（1391年）八月，还将朱樉召回京师，随即派出太子朱标前往西安，安抚民心，慰劳陕西百姓，以此纾解民愤、弥补罪责。但同年十一月太子朱标从西安返回京城之后，就一病不起，第二年四月就突然病逝了。朱元璋晚年丧子，哀痛之心溢于言表，舐犊之情更加深厚，于是对秦王从轻发落，大事化小、小事化了，七月就把朱樉放回了西安。朱樉被高拿轻放地教训一番后，并没有深刻认识到错误，非但没有痛改前非，反而变本加厉。不到三年时间，就自食恶果，被毒死在了秦王府中。这一切的根源，既是他自己的不成器，也不得不说是朱元璋无限溺爱儿子造成的。

朱樉死后，正妃王氏自杀殉葬。也正是因为朱樉德行有亏、罪行累累，朱元璋特意给他定了个谥号"愍"，表达自己愤怒与伤痛难以言表的心情。后世为了区分朱樉与后代秦王，也就称呼朱樉为"秦愍王"。

二、皇家"囚徒"的富贵生活

朱元璋活到了71岁，在古代算得上是个长寿的皇帝。在他去世之前，太子朱标、秦王朱樉、晋王朱棡相继去世。朱标的长子朱允炆成为皇太孙，继承皇位，也就是后来在大火中不知所踪的建文皇帝。朱元璋虽然痛恨朱樉，但是不管怎么说朱樉也是自己的嫡子，秦王的宝座还是需要有人继承的，更何况朱元璋早已为秦藩家族世系拟好了辈分排序的20个字："尚志公诚秉，惟怀敬谊存，辅嗣资廉直，匡时永信敦。"明洪武二十八年六月，朱元璋册封秦世子朱尚炳为秦王，此后秦王世系一直延续到了明朝末年。

朱尚炳是朱樉与次妃邓氏所生。邓妃虽是次妃，但也有妃位，生的孩子也属嫡子。又因为朱樉与正妃王氏没有子嗣，朱尚炳即为朱樉的嫡长子。朱樉死后，朱元璋将朱尚炳立为秦王。秦藩仍然是天下第一藩封，战略地位依旧至关重要。洪武三十年（1397年）正月，沔县（今勉县）县吏高福兴及百姓田九成等人谋乱。由于沔县地处川陕交界地区，又是羌族聚居区，高福兴聚众起事之后，川陕震动。朱元璋急忙派遣长兴侯耿炳文、武定侯郭英组织陕西、四川军队进行镇压。朱元璋还特意告诫朱尚炳加强巡逻，以备不虞。

朱元璋病逝后，皇太孙朱允炆即位，改元建文。朱允炆认为祖父的分封制度对中央集权不利，便开始逐步削弱各地藩王的实力，有的召入京师，有的剥夺军队护卫。朱元璋四子燕王朱棣见刀子马上就要落到自己头上来了，便借口侄子身边有奸臣破坏祖宗家法，起兵"清君侧"，这就是历史上著名的"靖难之役"。

在叔侄大战的几年间，大卜各藩态度不一。秦藩远在西北，并未直接卷入战局。出于稳妥起见，秦王朱尚炳对此战采取了坐山观虎斗的态度。一方面，建文帝削藩没有削到秦藩头上，但如果建文帝继续削藩，他的地位迟早会受到影响，所以他不会支持建文帝；另一方面，朱棣虽然以"清君侧"为名起兵，但明眼人一看就知道他是要借机篡权，自己来当皇帝。虽说朱棣是叔叔，朱允炆是侄子，但是就封建纲常上来说，叔叔是臣子，侄子是皇帝，以下犯上，总是大罪。因此朱尚炳认为与其押宝一端，不如选择两不相帮，静待事件的发展。这种做法在当时来说对他自己无疑是有利的，可避免赌注下错，受到牵连。

建文四年（1402年）六月，燕王朱棣打进了京师。在混乱之中，建文帝下落不明。朱棣顺利登上了皇帝的宝座，改元永乐。永乐皇帝是一代英主，气魄极大。由于他是篡位起家，所以对权力抓得特别牢固，对各地藩王更是严加约束。实际上，经历过"靖难之役"后，不论谁登基称帝，都必须削弱宗藩势力，巩固皇帝的权力；否则，万一出现了燕王第二，那后果将不堪设想。

永乐皇帝对藩王采取的多是两面手段，一边拉拢一边打压，对号称天下第一藩封的秦藩尤其如此。首先是拉拢。秦愍王朱樉除嫡长子朱尚炳继承王位之外，还有几个儿子未封郡王。朱棣就封秦愍王次子朱尚烈为永兴王，三子朱尚煜为保安王，四子朱尚炏为兴平王，五子朱尚灴为永寿王，六子朱尚炌为安定王。此外，还常常赏赐秦藩各王府钱钞布帛之类，以示恩宠，并在永乐八年（1410年）建成秦愍王享堂，祭祀朱樉，且特别增高一尺，以显示秦藩的尊崇地位。另外一方面则是打压。朱棣对朱樉诸子采取了各个击破的手段。他让秦藩诸王在不同的时间来朝，分别谈心，交流感情。此举既打探了其余诸子的情况，又让他们彼此之间心存猜忌。

对秦王朱尚炳，朱棣的打压则更为严厉，时常监视。比如永乐六年（1408年），朱尚炳在祭拜父母的祭文中，称朱樉为"皇考"、邓妃为"皇妣"，就被朱棣狠狠责备了一番，说他僭越，又说他造假。朱尚炳对靖难往事颇有不忿，总觉得朱棣得位不正，原本就对这位叔叔颇有微词，此番被斥责之后，心里十分气愤。此外还有一件事情，也惹火了朱尚炳。按照惯例，皇帝诏书到达陕西之后，大小行政官员应当到秦王府迎接诏书、开读公布。到了永乐七年（1409年），朱棣一改惯例，改在陕西布政使司宣读诏书，这就直接削弱了秦王府在地方的权威。虽有礼部官员以违反祖制反对此举，但朱棣却不以为意。朱尚炳认为自己受到了极大的侮辱。

永乐九年（1411年），朱棣派使者到西安给朱尚炳递送朝廷凭证，朱尚炳托病不出迎，派了个宦官迎接朝廷使者。见到使者之后，宦官态度非常傲慢。使者回京之后，把在西安的情况添油加醋地汇报一通，朱棣果然勃然大怒，下令捉拿秦王府的官吏，杀鸡儆猴，之后，又给朱尚炳写信叫他好自为之。朱尚炳十分惊恐，不得不来朝谢罪。回到西安之后，次年三月就死去了，谥号为"隐"，后世称为秦隐王。秦隐王朱尚炳死后，秦王子孙对皇帝不恭的情况便极少出现了。

随着朝廷对藩王管束的不断加强，全国各地的藩王陆续被剥夺了带兵打仗的权力，更是完全不掌握军队，这是生怕他们拥兵自重，不服朝廷管制，甚至造反夺权。藩王王府在地方政府面前也逐渐失去了高高在上的权威。最直观的表现就是凡有皇帝诏书，不必在藩王府召集地方官员开读公布，皆改在布政使司。这就导致地方的一应事务以及与中央的接洽沟通，地方政府皆可绕开藩王府进行。

此外，各地藩王之间的交流被严格地限制。洪武、永乐年间，各地藩王大多是亲兄弟或是叔侄，彼此熟悉，关系密切。朝廷对他们之间的交往限制不多。他们还可以经常互相联络、彼此走动。此后朝廷为防止藩王图谋不轨、彼此勾结，对藩王的人身自由和彼此之间交往的控制便愈发严格，各藩之间的联系逐渐减少。隔代之后，藩王之间彼此几乎不相识，亲缘也淡薄了许多，联系渐渐断绝，逐渐形成了明朝"王不见王"的制度安排。

秦藩宗室困守秦王府及各郡王府之内，不能随意出城，只能在各自府邸里营造苑囿、侍弄花草，即便是清明、过年祭扫城外墓地，也必须先给远在北京的皇帝打报告，得到批准了，才能出门祭扫，且不得在城外留宿。明朝初年威武的藩王，已经沦为困守王府的囚徒。

在政治上无所进取，只能追求生活的享受，不少藩王饱食终日，无所事事。好在都是龙子龙孙，朱元璋早就为他们安排好了丰厚的年俸，亲王禄米10000石，郡王2000石，镇国将军1000石，辅国将军800石，奉国将军600石……如此优越的经济条件，大多数宗亲子弟除了繁衍子嗣，基本上也没有别的人生追求了，这导致了宗室人口增殖速度惊人。到了明朝末年，秦藩宗室人口已达万数，这么多人口都需要朝廷供养，而且不仅仅是吃饱穿暖，还要锦衣玉食，所需庄田、禄米已达到了一个天文数字。

不过也有不少藩王、宗室子弟不满足于锦衣玉食的物质享受，不愿意花天酒地地虚度人生，平素以琴书自娱，喜欢舞文弄墨，刊刻书籍。秦藩中的第三代秦王——朱尚炳庶三子康王朱志𡐌，第四代秦王——康王嫡长子惠王朱公锡，第五代秦王——惠王庶长子简王朱诚泳，这祖孙三人算得上是读书明理、好学博古的典范，在明代宗藩之中留有美名，还有不少诗文传世。康王著有《默庵稿》，惠王著有《益斋集》，简干著有《小鸣稿》《宾竹遗稿》。除《益斋集》之外，其余著作均流传至今，从这些诗文中可以看到秦王们的日常生活。

康王《默庵稿》中多是游赏园林、吟风弄月的怡情之作，吟咏对象都是秦王府内的花草树木、亭轩小景，可见康王的生活范围非常狭窄。此外，还有一些赠答酬唱之作。赠答对象也多局限于康王身边的亲属、王府属官之间，如秦府仪宾（郡主的丈夫）茹鉴、王府长史宗宽、伴读严敬等王府属官。

康王的生活被限制在狭窄的范围之内，接触的人仅限于宗藩亲属、王府官员，久而久之，对外部世界的渴望，便转化成对求仙问道和隐士生活的向往。康王常与方外人士来往，作有《幽人山居》，其中就有"我欲卜居同隐逸，与君闲看白云飞"之句；又作《和送华山隐者》，发出了"知君已得长生术，肯羡功名纸半张"之慨；甚至在送别隐士之时，作《送处士归衡山》，描述了隐士"竹杖芒鞋别雍城，湘江回首说归程"的情景，字里行间充满了对自由生活的艳羡。

康王曾于永乐十年（1412年）、宣德元年（1426年）两次进京朝觐，将沿途诗作辑成《朝天纪行》一卷，其中永乐朝27首、宣德朝1首。康王在位时，各藩之间还常互通消息，如《送蜀使》《和弟韩王诗韵》二诗。至康王的孙子简王朱诚泳在位时，其诗文集《小鸣稿》《宾竹遗稿》中已完全不见宗藩之间的联系了，说明秦藩与其他藩王之间的联系基本断绝。

秦简王朱诚泳的境况与康王基本相似，但简王除了吟咏赠答之外，还颇爱听各地风物和传说，曾作《宁州狄梁公庙诗》5首；又如听榆林客人谈余子俊筑边墙事，作《余司马记》4首。这体现了简王自己从小困居王府，无法出城亲临这些名胜古迹，在好奇心的驱使下，想一探究竟的心情。

另有一事可以看出秦藩如囚徒般的困境。秦简王患有脚气病，他听说太白山的温泉对此颇有疗效，很想前往一试。但是藩王是不可以随意出城的，更何况是远离西安城的太白山呢。简王不得不给皇帝写信奏请，得到批准之后，他兴奋不已，又是上表，又是作诗，激动之情溢于言表。

说起来，明代这些藩王虽身处社会的顶层，却也是可怜虫。生在帝王家，身份高贵无比，尚且不如一个普通百姓自由。虽然富贵，人生的意义又在何处呢？知书明理的藩王尚可以琴棋书画修身养性，吟咏一下风月花鸟，赠答一下亲朋属官；不学无术的藩王就只能在府里花天酒地、繁衍子嗣了。这不能不说是明代宗室的悲哀。

三、惜财丢命的末代秦王朱存极

在清朝人修成的官方正史《明史》中，最后一个秦王是朱存枢。其中清晰记载，明崇祯十六年（1643年）十月，李自成率领农民军攻陷西安以后，朱存枢被俘，还被授予了"权将军"一职，但历史的真实情况并非如此。末代秦王并不是朱存枢，而是另有其人，这是怎么回事呢？是《明史》编纂的疏漏，还是有意为之？

1978年4月，在西安市南郊邮电第十研究所出土了朱存枢及其妃张氏合葬墓志并盖。墓志石收藏于西安市文物保护考古所，但是一直没有对外公布。直到2006年《陕西碑石精华》一书中收录了这块墓志，读者才得以知道朱存枢的身世。

志石与盖均呈正方形，盖文4行，满行4字，共15字，篆书"大明宗室秦世子暨妃张氏合葬圹志"。

"圹"就是墓穴的意思，"圹志"也就是墓志。志文十七行，满行十九字，楷书。志文如下：

　　大明秦世子暨妃张氏合葬圹志。世子讳存枢。万历二十年正月初十日，母第一妾李氏庶生。万历二十五年三月十六日赐名。万历四十四年七月十七日册封为秦世子，会选东城兵马副指挥张元祥第一女张氏为配，同日册封为秦世子妃。世子崇祯二年三月初五日以疾薨逝，享年四十。妃张氏，万历四十七年三月初六日薨逝，无出。上闻，辍朝三日，谕祭，特命有司治丧葬如制。懿安皇后等并赐祭焉。崇祯三年十月初十日良吉，合葬西安府咸宁县鸿固原之次。嗟嗟！世子以宗室至亲，享有储位，允为藩辅，富贵兼隆，宜永寿年。溘焉长逝，岂非命耶？！爰述其概，纳诸幽室，用垂不朽云。

　　从该墓志可以看出来，朱存枢只是秦世子，还没等到继承秦王宝座，就早早去世了。有关朱存枢被册封为秦世子一事，在《明神宗实录》中也有明确的记载，墓志与《明神宗实录》可以互相印证。由于崇祯皇帝死于非命，明朝灭亡之后，崇祯朝的史料散佚不存。墓志记载朱存枢死于崇祯二年（1629年）三月初五日，这就可以填补史籍的缺失了。据此墓志推断，在李自成攻陷西安14年前，秦王世子朱存枢就已经死去。他既非秦王，也不可能被授予什么"权将军"，更不可能被大顺军挟持至北京而后不知所终。以《明史》为代表的诸多官、

秦世子朱存枢暨妃张氏墓志铭

秦景王朱存机墓志铭

私史籍说末代秦王是朱存枢，无疑是错误的。

前面说到朱存枢死时还是秦世子，也就是说崇祯二年（1629年）的时候，他的父亲还在世。他的父亲名叫朱谊漶。根据历史记载，朱谊漶早在万历十五年（1587年）就继承了秦王王位，可能直到崇祯十二年（1639年）才去世，在位时间长达50年之久。朝廷给朱谊漶的谥号是"肃"，因此称他为秦肃王。秦肃王的长寿意味着儿子们等待接班的时间变得特别漫长。庶长子朱存枢就没有活到继承王位的那一天。但秦王不能没有继任者，所以朱存枢死后不久，朝廷重新任命了新的秦世子朱存机。

秦肃王朱谊漶死后，王位传给了三儿子朱存机。这位秦王在历史文献中绝少记载，史学界几乎不知道他的存在。不过世事总有巧合，这位秦王也算是命好，享受了秦王最后的荣华富贵，在崇祯末年还没赶上国破家亡的当口，落得个寿终正寝，而不是死于非命，还真是不幸中的万幸！

读者或许会问，既然说这位朱存机绝少记载，我们又如何得知这么详细的信息呢？这里还要提到另一方墓志铭，也就是朱存机的墓志铭。这位"幸运儿"的墓志铭藏于西安市长安区博物馆。志石呈正方形，志文16行，满行18字，楷书。志文如下：

大明宗室秦景王圹志。王讳存机，乃秦肃王第三子，母次妃张氏。万历二十三年八月初五日生。崇祯二年九月初一日册封为秦世子。崇祯十二年六月二十五日袭封为秦王。崇祯十四年二月初七日未时以疾薨逝，享年四十有七。女一未适。讣闻，上辍朝三日，遣官谕祭，命有司治丧营葬如制。谥曰"景"。东宫及文武百官皆致祭焉。以崇祯十五年正月初三日，葬于韦曲里之阳。呜呼！王以天潢懿亲，为国藩屏。宜享长年，永保西秦。如何奄忽，而景命之不遐也！存隆其实，光曜其声。如终之际，于斯为荣。王可以瞑矣！爰述其概，敬勒贞珉，用垂不朽云。

由墓志内容可见，朱存机被册封为秦世子的时间是崇祯二年（1629年）九月初一日，这正好与前世子朱存枢"崇祯二年三月初五日以疾薨逝"在时间上前后衔接。朱存枢为秦肃王朱谊漶庶长子，乃其第一妾李氏所生；而朱存机为"秦肃王第三子，母次妃张氏"。朱存机为朱存枢的同父异母弟弟。但由于父亲秦肃王太过长寿，朱存机做了10年世子才得以即位，彼时他已年逾不惑，在位不足两年就病逝了。朱存机的谥号为"景"，史称秦景王。

景王朱存机只有一个女儿，没有儿子。他死后，只能从他的兄弟中寻找王位继承人。于是秦王的宝座落到了他的弟弟朱存极头上。这时已经是崇祯十四年（1641年）了，距离西安城被李自成攻陷仅余2年时间而已。

朱存极从小生长于王府内院，平日养尊处优，政治上没有权力，完全没有意识到国家的危亡和自身处境的险恶，依旧过着花天酒地的富贵日子。况且秦藩早已无权干涉地方政事和兵务，陕西地区的农民起义如火如荼，但剿灭农民军的军事行动根本不容他插手，他只能静待时局的发展。崇祯十六年（1643年）五月，皇帝朱由检催逼督师孙传庭出师潼关，妄图一举击溃李自成的农民军。没想到明军在汝州（河南郏县）战败，李自成一日之内追杀400里地，明军4万余人战死，还损失了大量的兵器辎重。十月初，李自成攻克潼关，继续围攻孙传庭，孙传庭向渭南撤退，不久战死。农民军势如破竹，一路打到了西安城下。

西安明城墙坚固异常，还都加砌了城砖，原本根本不可能从外部轻易攻破，但堡垒经常是从内部瓦解的。西安的守城之战来临时已经入冬，天气异常湿冷，地方财力物力不足，守城将士缺衣少食，战斗异常艰辛。

秦王是西安城内最大的财主，原本为了自保，应该慷慨解囊，资助守军，并以皇室名义鼓舞士气，保境安民，但朱存极显然没有认识到问题的严重和处境的危险。他半生庸碌，吝惜钱财，完全不识时务。在大敌当前、兵临城下的危急时刻，完全不知道如何自保，竟还寄望于已经自顾不暇的朝廷派出重兵为西安解围。在明知守城将士艰辛的情况下，也不知收揽军心，甚至不愿意为守城的兵士装备冬装，导致军心尽失。终于，西安守将王根子向农民军射书投降，西安巍峨高耸的城池并没有起到应有的作用，被农民军轻易突破。西安城陷，秦王朱存极被俘，秦藩200多年的富贵日子走到了尽头。

朱存极被抓以后，和其他被俘藩王一起，被李自成一路挟持到北京，成为要挟崇祯皇帝投降的人质。崇祯帝吊死景山之后，朱存极又被带到了山海关大战的战场。由于吴三桂勾结满人，导致李自成战败。大顺军被迫撤出北京，在返回陕西途中，朱存极被处死在山西境内。朱存极没有想到，由于自己的吝啬，导致了败亡的结局；更没有想到，自己仅仅即位2年，就成了末代的秦王。

自第一代秦王朱樉至末代秦王朱存极，前后共有十五位秦王承袭。至朱存极遇害，传了270多年的秦藩至此灭亡。清朝初年曾有官员说："秦藩富甲天下，贼破西安，府库不下千百万。倘平日少取之民，有事发以犒士，未必至此。"这一说法极为中肯。虽说李自成农民军人多势众，但朱存极贪财颇有先祖愍王朱樉的遗风，在时代风云的裹挟之下，最终身死国灭，让人不由生出几分感慨。

第四章 荒冢今安在，衣冠成古丘

——西安『小十三陵』秦藩王墓

明代秦王中有14位，即愍王朱樉、隐王朱尚炳、僖王朱志堩、怀王朱志均、康王朱志𡏆、惠王朱公锡、简王朱诚泳、昭王朱秉欆、定王朱惟焯、宣王朱怀埢、靖王朱敬镕、敬王朱谊澏、肃王朱谊漶和景王朱存机等，葬于西安府城东南郊外。明代秦藩王墓是见证西安明代历史的重要遗迹，其规模之宏大、历史价值之高、出土文物之精美，无不令后人神往。2006年5月，明秦王墓被列入国务院公布的第五批全国重点文物保护单位名录。

一、秦藩陵园的选址与分布特点

明代一共有11代15位秦王。这中间除了末代秦王朱存极被李自成俘获，后来处死在山西境内之外，其余14位秦王，即愍王朱樉、隐王朱尚炳、僖王朱志堩、怀王朱志均、康干朱志𡐤、惠王朱公锡、简王朱诚泳、昭王朱秉欆、定王朱惟焯、宣王朱怀埢、靖王朱敬镕、敬王朱谊𣵡、肃王朱谊㳆和景王朱存机等，均葬于西安府城东南郊外。

明清时期，西安府有两个附郭县，附郭指的是紧邻都邑城郊之处。这两个县的分界线就是以西安城南门永宁门延伸线为界，东为咸宁县，西为长安县，两县的边界基本上与现在的长安路相吻合。明代秦藩王选取的陵墓区域基本上都位于咸宁县境内，即今西安市长安区辖区内。这一选址与汉宣帝杜陵较近。

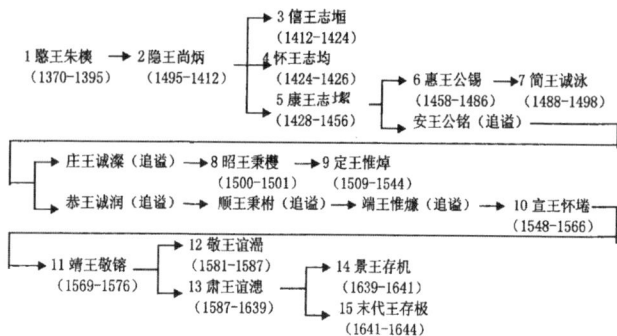

秦藩王世系表

杜陵的选址在西汉历代帝王陵当中十分特别。汉宣帝刘询没有依照祖制在渭北咸阳原一线营建陵墓，而是选择在汉代长安城东南方向的杜县鸿固原营建自己的陵墓。这里原来是一片高地，滻河与浐河流经此地，依照古人营造阴宅的风水标准来说，当属藏风得水之福地。汉宣帝选择此地营造陵墓的原因，一说是因为其早年间喜爱在鸿固原游玩，即位后就将这里选为陵地，开始了陵园的营造工程；又有说法是宣帝最爱的许后先葬在少陵，因此宣帝也将陵墓选在少陵以北不远的高地上。不管汉宣帝当年选择此地的原因究竟为何，他恐怕都不会想到，1000多年之后，还有后世王朝的宗室看中了杜陵的风水，在这一带建起了皇家陵园。每一座秦王墓都是由一座大冢与若干陪葬小冢组成。历经10余代后，在此地形成了规模宏大的秦藩墓葬群。

秦藩王的陵墓所在地多以"井"字命名，但命名缘由不明。这些"井"在后代成为各个村落的名称，沿用至今。今天，生活在这片区域的百姓间就流传有"九井十八寨，各个有由来"的说法，就是感叹明代秦藩墓葬群范围的广大，以及对这个区域后世地名和生活的深远影响。民间又有将历代秦王墓与北京明十三陵相类比的提法，称之为西安"小十三陵"。

秦王墓葬群规模宏大。自杜陵以南，呈散点分布状，南北长约8千米的范围之内，均有秦藩家族墓地的存在。但仔细研究历代秦王陵墓分布的位置，还是可以从中找出一些信息和规律。

从地理分布来看，秦藩家族墓葬群可以分为南、北两个区域。南边的陵墓区较小，只埋葬了康王与惠王这父子两代秦王。北边的陵墓区则较大，埋葬的是愍王、隐王、简王、宣王等其余历代秦王。

2003年9月，陕西省人民政府公布了第四批陕西省重点文物保护单位名单，明秦藩王家族墓地就在其中。公布名单中有6座墓及各自的陪葬墓，分别是愍王朱樉墓（杜陵乡大府井村东北）、隐王朱尚炳墓（大兆乡东伍村北）、康王朱志𡒄墓（大兆乡康王井村北）、惠王朱公锡墓（大兆乡庞留井村北）、简王朱诚泳墓（杜陵乡简王井村北）、宣王朱怀埢墓（杜陵乡三府井村东北）。

其余不少墓葬，虽然能够确定是明代秦藩王墓葬，但是由于未经考古发掘，加之地面文物无存，很难判断这些陵墓的主人具体是哪一代秦王，因此没有列入名单之中。幸运的是，南陵墓区仅有的两座秦王墓的墓主身份均已确认，即康王朱志𡐨与惠王朱公锡。

有当代学者研究认为，虽然僖王和怀王的墓葬尚不能确认辨别，但自第一代秦愍王朱樉至第四代秦怀王朱志均的墓葬均在今长安区大府井东北到东伍村北一带的鸿固原上，这一点是可以确认的。

到了第五任秦康王，陵墓的选址则远离了祖茔，选择了少陵原上的章曲里一带。经实地考察确认，康王墓在大兆乡康王井村北，惠王墓在大兆乡庞留井村北。作为秦藩陵墓中位置最靠南边的两座陵墓，与前四代秦藩王陵墓的所在地大约有8千米的距离。这才使整个秦藩王墓葬群呈现出了南、北两片墓葬区域的情况。那么，康王与惠王这父子二人究竟为何一改祖制，没有将陵墓建造在前代秦王陵墓的附近呢？是巧合，还是有意为之？

明嘉靖《陕西通志》特别记载了奉敕营建康王墓的人员名单，其中的"阴阳生赵全"尤为引人注目。"阴阳生"就是我们现在俗称的"风水先生"。而"奉敕"二字说明了康王墓的选址必定是奉皇帝的命令特意勘定风水的结果。皇帝为何要特地过问藩王墓的选址问题，甚至还亲自派人修建呢？

我们可以从康王之前的秦藩世系表中找到这个问题的答案。第三代秦僖王朱志堩，第四代秦怀王朱志均，第五代秦康王朱志𡐤均是秦隐王朱尚炳的儿子。按明代藩王世袭的规则，要考虑父子相承，一代藩王没有子嗣才能考虑兄终弟及。怀王朱志均之所以能够继秦王位，是因为其兄长僖王朱志堩早逝，且没有子嗣。而怀王在位不久又早逝，并且同样没有子嗣，这才使康王朱志𡐤能够登位。古人对家族繁衍后裔看得极重，且对子嗣问题多有迷信方面的解读，皇家尤其如此。作为天下第一藩封的秦藩，连续两任秦王均无子而早卒，不仅严重影响了秦藩大宗的繁衍，也引起了秦藩本身甚至皇帝的关注和警惕。在笃信阴宅风水的明代，最终对此问题的解读落在了秦藩祖坟的风水上，认为是祖坟风水的问题才导致了子嗣不兴和秦王早卒。在此情况下，康王即位后，为了保障其子孙繁盛，由皇帝亲自派人对其墓葬选址进行卜定，选择风水上乘的葬地，在当时来看是非常必要的。

以目前对康王墓周围的环境考察，也可以确信，康王墓的选址尤重风水因素。康王墓的封土堆之后即是少陵原之北梁，其所在地是向南山方向缓缓倾斜的黄土缓坡，东西各有小的梁原辅衬，且前有南山流出的溪流。按照传统阴宅风水理论，此地地理位置优越，风水极佳。相比之下，秦藩祖茔所在地大府井附近，已有愍王、隐王、僖王及怀王四代秦王安葬，风水好的位置已然不易寻觅。两相比较，康王墓选择新址，要优于继续扩展祖茔。同时，我们也清楚，古人的阴宅风水学说并非与建筑的堪舆学说一样具备科学道理。阴宅的风水好坏与后代的兴旺发达是否真有关联是无法证实的。在秦藩子嗣繁衍出了大问题，并且各方普遍认为事关祖坟风水问题的情况下，阴阳生奉命勘选墓地必然要另觅新址；否则，一旦康王子嗣再不能兴，阴阳生本人就要承担罪责。

由此可见，康王墓重新选址的主要意图就在于通过阴宅风水来兴旺子嗣。康王死后，其子惠王朱公锡即位，惠王将自己的陵墓选在了康王墓以南不远处。说来也许是巧合，康王重选墓地后，秦藩子嗣在数代内都较为兴旺，并且自康王开始的数代秦王一改其祖上愍王朱樉的作风，均为饱读诗书、聪慧明理之人。

既然新的墓地风水要优于前代祖茔，那么为何不延续下去呢？要知道，秦藩墓葬群南边的墓葬区域只有康王和惠王两代秦王的陵墓，到了惠王之子简王去世时，简王墓重新回到了其先祖秦愍王墓的附近，并且此后也再无后世秦王葬在康王井、庞留井附近。为什么会出现这种情况呢？

这是由于后来明代的丧葬制度发生了变化的缘故。弘治五年（1492年），朝廷制定了"于始封父祖茔序昭穆葬"的制度。也就是说，后世子孙必须严格根据始封始祖坟所在地选择自己的葬地。具体到秦藩来说，其始祖是秦愍王朱樉，因此按照新的丧葬制度，后代的葬地必须选择在愍王墓群的附近。简王去世时，已是弘治十一年（1498年），新政已经得到贯彻落实。所以不管其祖父和父亲葬在何处，也不管祖茔的风水好坏，他的陵墓都只能选在愍王墓的附近。

不仅秦简王如此，其后的昭王、定王、宣王、靖王等诸代秦王，均须奉行弘治五年颁布的这一政策。故此，后世秦王的陵墓也都重新回到了祖茔的区域，不再有远离祖茔而葬的情况发生。最终，南边的陵墓区虽为皇帝亲自派人勘选，且风水甚好，但仅有康王、惠王两代秦王埋骨于此，而北边祖茔周围则形成了规模更为庞大的墓葬群。这也就是秦藩墓葬群形成南、北两区格局的原因。

在北边墓葬群中埋葬了10余位秦王，观其墓葬分布状态，也有一定的规律可辨。北边墓葬群陵墓的分布情况是：最东北为秦愍王墓，向西南数里为隐王墓，以隐王墓为中心，有简王墓等4座秦王墓葬及其陪葬墓。据研究，其余3座墓冢应是僖王墓、怀王墓以及昭王墓，不过具体到每一座墓冢的主人是何人则尚不能确认。自隐王墓再向西南数里，则是依据文献可以确认的宣王墓。以宣王墓为中心，又有4座王墓，形成了一个集群。与僖王、怀王和昭王墓一样，这4座墓冢目前也仅能知晓是靖王、敬王、肃王以及景王的陵墓，无法确认每一座墓冢的主人。

北边墓葬群区在地势上呈现了由东北向西南逐渐变低的趋势。最高点是北部鸿固原上的汉宣帝杜陵，其次是秦愍王朱樉的陵墓，此后随着世系的沿革，墓葬群也逐渐向地势较低的西南方向延伸。由此可见，秦藩王的墓葬分布，也符合封建社会长幼有序、高下尊卑的礼制安排。

二、秦藩王墓的历史遗迹

简要了解了秦藩王墓葬的选址和分布特点及其缘由之后，我们来看看如今的秦王墓葬群里还有哪些重要的历史遗迹。

上文已有所谈及，每一座秦藩王的墓葬，都并非是一座孤零零的封土大冢，其周围都有不少规模较小的陪葬墓。这些陪葬墓的墓主大多是秦王的妃子、子女等亲人。可以说，每一座秦藩王墓葬，都是一个小的墓葬群。此外，藩王墓作为皇家墓葬，除了陪葬墓之外，每一座王墓都有大量的望柱、石人、石马、神道碑等神道石刻。这些神道石刻不仅是后世确认墓主身份的依据，其本身也大多雕刻精美，具有极高的文物价值和艺术价值，是秦藩王墓葬区的重要历史遗迹。

由于年代久远以及人为破坏和盗取等原因，现存秦藩王墓损毁极为严重。近年来，虽然官方的投资加大，民间的文物保护意识也不断增强，但能够切实得到有效保护的秦藩王墓还是比较有限的。其中几座墓葬的封土堆因为土质好，在20世纪六七十年代被当地人挖掘取土用来烧砖。陵墓的望柱、石像等文物也大多被毁坏或盗取，遗留下来的大多残损。这不仅为研究确认墓主身份的工作带来了巨大困难，同时从历史价值和文物价值的角度来说，也是巨大的损失。

目前，位处南边墓葬区中的康王墓与惠王墓，保护情况最好，研究也较为充分。这两座王陵封土相对保存完好，不仅有明代墓碑、神道碑，还有不少石人、石马等石像。现将康、惠二王墓的情况简略介绍如下。

康王墓坐落在今长安区大兆街道康王井村。村中有南北向道路，将康王井村分割为东康王井和西康王井两个自然村。康王墓区的范围十分广阔，封土大冢的确切位置在两村之间以北约50米。如今，仅康土冢面对西康王井村的一侧尚存有一些神道石刻等地上文物，包括石狮一对、文武翁仲各一个、石马三匹、龟趺一只，以及断为三截的御祭文碑一通。由残存的碑文内容可知，此御碑为明穆宗隆庆元年（1567年）继承大统后告谕诸王所立。墓前的神道石刻的排列，指明了康王墓的神道方向。此外，位于东、西康王井村之间的废弃涝池内还有石刻瑞兽"天禄"一只。

一般来说，皇家陵墓前的神道石刻都是成对的，分列于神道两侧，而康王墓前却仅有三只石马，缺了一只，而其他原本按规制应该有的麒麟、石虎、石羊等神道石刻则完全无踪。据本地的老人们说，不少石刻在20世纪"人民公社化"运动时期，被砸碎炼了石灰，至于康王的陪葬墓，也早已无存了。

　　康王之子惠王朱公锡的陵墓在今长安区大兆街道庞留井村东北约30米处，有一大一小两座封土冢，这两座封土墓冢就是明秦惠王与妃王氏的合葬墓及次妃杨氏墓。墓前还存有神道碑和墓碑各一通，神道碑碑名为《大明宗室秦惠王神道碑》，共23行，每行最多不超过70字，主要记述秦惠王的生平事迹。墓碑碑额有"皇明"二字，可知这块墓碑同样是明代无疑，墓碑刻有"秦惠王暨妃王氏合葬墓"。惠王墓的封土堆较为完好，陪葬墓中次妃杨氏的墓冢也尚存。陵墓的神道石刻较之康王墓更加完整，有龟趺神道碑一通、望柱、石虎、石羊、石麒麟各一对，石马二对，武官翁仲二人，文官翁仲一人，共计16件石刻。

　　北边墓葬群的封土与石刻保存也较为完整，但是已经没有神道碑、墓碑等碑刻文物了，这对于确定康王、惠王之前及此后的历代秦王陵墓造成了不少困难。不过石刻保存状况较好，都堪称明代石刻文物的精品。其中位于简王井的秦简王墓除了墓前望柱、石像之外，在陕西历史博物馆中还藏有一套出土自简王井的彩绘陶仪仗俑群。仪仗俑共有300余件，是明秦简王死后随葬的仪仗队。俑手中原来持有的木质道具已经腐朽，但每只俑的踏板之下都用墨书写了俑名，共计70余种。这些陶俑有的手持清道旗、金鼓旗、白泽旗、告止幡、信幡，或是手持武器，有戈、戟、弓箭，还有敲锣打鼓的乐队，如手持笙、笛、箫、板、琵琶的乐人俑，加上抬轿、跟驾、打灯、打伞、打扇的陶俑等等，阵容庞大，浩浩荡荡，再现了明代秦王仪仗的雄威。

综上，明代秦藩王墓是西安的重要人文历史遗迹，它们同西安的钟鼓楼、城墙一样，传承着数百年前大明王朝留在古都西安的历史记忆，也是西安数千年厚重历史积淀中不可忽视的一部分。其规模之宏大、历史价值之高、出土文物之精美，无不令后人神往。2006年5月，明秦王墓被列入国务院公布的第五批全国重点文物保护单位名录，这既是对明代秦藩王墓文物价值的肯定，也为我们保护秦藩王墓提供了制度保障。

第五章 统御西陲

——以西安为中心的陕西省域

　　明清时期的西安不仅是环抱在明城墙里的西安城，同时也是统领关中地区数十州县的西安府、统御陕西的大省会。如果将西安放在西北地区乃至全国的大视野中考察，作为西北地区首屈一指的中心城市，西安不但是控御西北的政治军事中心，更对西北数省的行政建制产生了深远影响。

　　不论是明代大陕西的行政架构，还是清代陕甘两省的分治，都是围绕西安这座中心城市展开的，在这一过程中，西安的特殊地位得以持续巩固和强化。我们今天提出"大西安"战略，推进以西安为中心的关中城市群的融合与发展，全面践行"一带一路"倡议，也是对明清以来西安行政架构的继承与创新。

一、明清时期的"大西安"

　　明代的西安府是在元代奉元路的基础上设置的。奉元路直接管辖咸宁、长安、咸阳、兴平、临潼、蓝田、泾阳、高陵、鄠县（今鄠邑区）、盩厔（今周至）、郿县（今眉县）11个县，还有同州、华州、耀州、乾州、商州5个州，这5个州之下又各自有县。同州下辖朝邑、郃阳（今合阳）、白水、澄城、韩城5县，华州下辖华阴、蒲城、渭南3县，耀州下辖三原、富平、同官3县，乾州下辖醴泉（今礼泉）、武功、永寿3县，商州下辖洛南1县。将上述州县合并计算，元代的奉元路下辖5个州、26个县，管辖区域非常广大，大致等于今西安市、渭南市、铜川市、商洛市的全部以及咸阳市大部的总和。

西安府疆域圖

西安府疆域图（明嘉靖《陕西通志》）

明代改奉元路为西安府之后，除将郿县划给了凤翔府之外，其余10个县仍然直隶于西安府。洪武二年，又把原先的邠州直隶州划入西安府，邠州下辖淳化1个县。明弘治三年（1490年）至万历三十九年（1611年）间，华州渭南县，耀州三原、富平2县及乾州醴泉县改为直隶西安府。再加上邠州在成化十四年（1478年）、万历十一年（1583年）分别添设了三水（今旬邑）、长武2县；商州在成化十三年（1477年）添设商南、山阳、镇安3县。因此到明朝末年，西安府一共下辖14个直辖县、6个州、17个州辖县。

此时的西安府大致等同于今西安市、咸阳市、渭南市、铜川市、商洛市的总和。换言之，关中地区除西边的凤翔府以外，全都属于西安府的管辖范围。不仅如此，西安府的管辖范围还越过秦岭，包括了今天的商洛市。

明代西安府的管辖区域如此广大，大致有三方面原因：首先，唐代的京畿道、北宋的京兆府管辖范围都不小，唐代的京畿道大致囊括了今西安市、咸阳市、渭南市、铜川市的大部分地区；北宋京兆府虽然有所缩小，但基本涵盖了今西安市、咸阳市的绝大部分地区。元代的奉元路只是在唐宋原有基础上的扩大而已，明代西安府又将奉元路与邠州直隶州合并。可以说，西安府辖区广大是历代传承的结果。其次，明代的陕西是将元代的陕西行省、甘肃行省合并之后的统称，涉及今陕西、甘肃两省和宁夏回族自治区及青海省东南部。但在如此广大的西部大地上，仅设置了西安、凤翔、汉中、延安、庆阳、平凉、巩昌、临洮8个府，却拥有21个属州、96个县，这些府的直辖县、属州辖县必然少不了，西安府又处于关中平原的中心，辖区面积大也就不足为奇了。再次，我们不得不承认明清时期的西安已经告别了汉唐长安的辉煌，人口的数量、区域农业的发展、手工业技术的进步、商业贸易的活跃，都没有办法与同时代的江南地区同日而语。因此，从统治者的角度考虑，也没有必要将西安府拆解开来，增加不必要的行政成本。

进入清朝之后，随着陕西北部边防问题不复存在，清廷采取"陕甘分治"的办法，将陕西省域面积缩小。在这一背景之下，继续维持明代西安府的超大规模，显然已经不合时宜了。雍正三年（1725年）九月，升商州、同州、华州、乾州、邠州、耀州6州为直隶州，直接由陕西省管辖，镇安、洛南、山阳、商南4县隶属商州，朝邑、郃阳、澄城、韩城4县隶属同州，华阴、蒲城2县隶属华州，武功、永寿2县隶属乾州，三水、淳化、长武3县隶属邠州，同官、白水2县隶属耀州。在剥离了原先这6个属州及州辖县之后，西安府的管辖区域大大减少，仅剩下14个直辖县。雍正十三年（1735年）闰四月，又将耀州直隶州降为属州，与同官县一道，划入西安府。乾隆后期，由于大量人口流入陕西南部山区，秦岭、巴山之间都是垦荒种地、伐木开矿的流民。乾隆四十七年（1782年）九月，分别从咸宁县析置孝义厅、从长安县析置五郎关厅（后改称"宁陕厅"），以加强秦岭山区的管理。

到清朝末年，西安府领有孝义、宁陕两个厅，耀州1个州，长安、咸宁、咸阳、兴平、临潼、鄠县、蓝田、泾阳、高陵、三原、盩厔、渭南、富平、醴泉14个县。这一区域范围也大致奠定了今西安市与咸阳市的行政区域。

二、明代陕西建制

　　今天陕西省的版图是元代以后逐步稳定下来的。元代陕西行省与北宋永兴军路在版图上最大的区别，就是将原本属于四川的兴元路（治今汉中市）划归陕西行省管辖。陕西因此成为地跨中国南北地理分界线的大省，自北向南横跨了黄土高原、关中平原、汉水谷地三大地理区域。位于陕西行省南部的兴元路"地临汉水，境枕秦川"，是"秦头楚尾一大都会"。自此之后，陕西扼守蜀地之咽喉，取得了对四川的战略主动权。

　　进入明朝之后，朱元璋改兴元路为汉中府，又将原属四川行省的沔州（今勉县）、略阳等战略要地划入兴元路，将陕南地区重新整合，意在巩固西安作为陕西战略中心的地位，同时对入川重要交通线路严加守卫，防止四川地区出现割据势力。

　　除了对陕南地区的重新整合之外，另一个重要的变化是将甘肃行省废除，并在元代陕西行省的基础上设立陕西布政司，仍俗称"陕西省"，管理今天陕西、甘肃两省各府州县的民政事务。对于西北地区的军事要地，朱元璋则采用军政直接管辖的办法，设立陕西都指挥使司（简称"都司"），管理陕甘地区各卫所军政。如在洪武五年（1372年）废除宁夏府，将该地人口全部迁往关中，从此在这一带改设宁夏卫等卫所。由此可见，陕西境内除了上文提及的西安、凤翔、汉中、延安、庆阳、平凉、巩昌、临洮8个府，还有潼关卫、宁夏卫、榆林卫、洮州卫、甘州卫（今张掖市）、凉州卫（今武威）等大量的军事卫所。

这些卫所很多远在河西走廊或在今青海省西宁市一带，距离西安非常遥远。而设在西安的陕西都司直接遥控这些遥远的河西诸卫，实在是非常困难。况且在西北地区设置卫所，主要就是为了抵御蒙古骑兵的入侵，军事行动兵贵神速，陕西都司显然无法有效指挥他们，当时已有鞭长莫及之感。因此，明洪武十二年（1379年）便在甘州卫（今张掖）设置了陕西行都指挥使司（简称"陕西行都司"），名义上作为陕西都司的派出机构，管理河西军政要事，但级别上与陕西都司平级，都听命于中央。陕西行都司管辖的都是卫所，没有府州县，当地百姓的民政事务也由陕西行都司及当地卫所代为管理。它的辖区基本上相当于元代甘肃行省的主要区域。

三、清代陕甘分治

　　在鸦片战争之前，清朝共设置了18个行省。省级最高行政长官是总督和巡抚。各省均设有巡抚，每一省或者两三个省设一总督，掌握一省或数省的军政大权。但总督和巡抚并不是清朝统治者的发明，而是明朝传承下来的制度。最初，巡抚与总督都是临时派遣的，明朝中叶逐渐制度化。这些巡抚的权力早已超越了布政使和都指挥使，成为地方上军政大权的实际拥有者。

　　陕西由于地域广阔，又是边防重地，自明宣德二年（1427年）之后，朝廷就经常派出陕西巡抚处理军政日常事务，但这一职务属于临时性质，时而称"巡抚"，时而称"镇守"。直到正统、景泰年间，明朝廷才在陕西省境内正式设置了陕西、延绥、甘肃、宁夏四大巡抚。

　　陕西巡抚，平时驻在省城西安，防秋时驻固原（今宁夏固原），管辖除陕北以外的今陕西省辖区军政大事。延绥巡抚，起初驻在绥德，成化九年（1473年）改驻榆林卫（今榆林），管辖延安府、庆阳府（今甘肃庆阳）以及榆林卫等军事重镇。甘肃巡抚，驻在甘州卫（今张掖），掌管陕西行都司所辖全部卫所。宁夏巡抚，驻在宁夏卫（今银川），管辖今宁夏回族自治区和甘肃省部分地区。但是，今甘肃黄河以东地区的临洮、巩昌、平凉3个府，当时既不归陕西巡抚，也不归甘肃巡抚，而是直接归四大巡抚之上的陕西三边总督管辖，这也造成陕西布政使司名存实亡，行政职能逐步削弱。

明朝设置如此复杂的行政架构，也有其不得已的苦衷，一方面要应对北方蒙古骑兵随时可能突破长城的威胁；另一方面又怕地方上出现军事强人，赋予巡抚和总督的辖区与权力都要充分拿捏，地盘太大了易拥兵自重，地盘太小了失去军事作用，彼此之间还要互相牵制，可谓处心积虑、煞费苦心。这就为陕甘分治局面的初步形成埋下了伏笔。

清朝的统治者是满洲人，其在入关之前，就已经降伏了漠南蒙古，并与其保持联姻关系。清军入关之后，漠南蒙古与陕西都成为清王朝的组成部分，明代陕西的边防问题也就不复存在了，宁夏、延绥二巡抚先后被裁撤，而甘肃巡抚由甘州移驻兰州。到了康熙二年（1663年），清廷直接将陕西布政使司一分为二，左布政使仍驻在西安府，管理西安、延安、凤翔、汉中4个府以及兴安州（今安康）直隶州；右布政使移驻到巩昌府（治在今甘肃省陇西县），管理河西走廊以及临洮、巩昌、庆阳、平凉4个府。这就造成了陕西一个省有两个治所的局面，而主管军政的陕西提督署也搬迁到了陕西左、右布政使司之间的固原。至此，陕甘分治已为既成事实，只是名义上还属于一个省罢了。康熙六年（1667年），陕西右布政使司改为巩昌布政使司，左布政使司改为陕西布政使。两年后，又将巩昌布政使司移驻甘肃巡抚所在地兰州，并改称"甘肃布政使司"，通称"甘肃省"。至此，陕甘分治的过程最终完成。

陕甘分治是历史发展的必然结果。明代的陕西几乎等同于当时的西北地区，明朝统治者主要是出于军事目的才设置了如此广阔的"大陕西"，又以大西安坐镇大西北，统一军事号令、巩固西北边防。入清之后，北部边患解除，继续维持庞大的陕西省已然没有必要，陕甘分治之后，近代以来陕西省的省域至此亦固定下来。

第六章 三城分种姓，甘露济四民

——清代西安城市布局与城市用水

　　清军入关之后，在明代秦王府城的基础上，兴建八旗驻防城——满城，西安城内形成了城南汉城、东北满城、西北回城三大城区。西安城内的南院门与北院门是清代陕西乃至西北的政治中枢。清代西安城内呈现着异彩纷呈的多民族聚居的生活场景。西安在明清时期已经成为一座缺水的城市。自明代修成龙首、通济二渠，直到清乾隆年间，基本上能够有效供给西安城市用水，但乾隆中叶以后，城内不得不使用井水。

一、清初满城的兴建

清顺治元年（1644年），满洲人在明朝降将吴三桂的策应下，挥师入关，进入了北京城。满洲人能够在山海关大战中胜出，顺利入主中原，固然有各种机缘巧合，但其精锐部队满洲八旗所向披靡的战斗力却是不争的事实。因此，为了坐稳大清江山，就必须加强八旗驻防部队的军事实力，以镇压汉族和其他少数民族的反抗。但是，满洲人毕竟是少数民族，如何以少制多，发挥八旗精锐维护清朝统治的积极作用，这是摆在清朝统治者面前的一道难题。

清廷采取的办法是集中屯驻。将半数八旗精锐集中屯戍京师，另有约半数的八旗精锐相继派驻全国各大战略城市及水陆要冲。为保证驻地八旗的绝对安全，清朝统治者又命令各地八旗驻军兴建新城。因为这些新城是为了八旗军兵及其家属驻守生活而设,故称"满城"。满城作为一种特殊的城市形态普遍分布于全国各地,东到南京、西达伊犁、南至广州、北抵瑷珲,形成了满洲八旗控制全国的军事网络。

清顺治二年(1645年)二月,清军攻占西安城。清廷对西安的重要军事意义有着充分的认识,兴建西安满城势在必行,但如何选址是一个亟待解决的大问题。西安城内的东北城区,为满城的兴建提供了绝佳的场地。有学者分析认为,西安满城占据东北城区有两方面的考虑:其一,满城必须要有足够大的活动空间,不仅能够驻扎五千八旗军兵,还要能够容纳这些军兵的家属;其二,必须考虑到尽可能少地驱逐、迁移原住居民,毕竟当时时局未定,胜负尚未分明,应当减少城内百姓的反抗情绪。而明代西安城东北城区面积广大,约占全城总面积的三分之一,更为重要的是,这一地区由秦王府城、保安王府、汧阳王府以及秦王府卫戍军兵占据,居民住宅、寺观庙宇、商业集市基本不在这一区域。满城选址问题因此迎刃而解。

自清顺治二年规划西安东北城区为满城,到顺治六年(1649年)筑成,兴建满城花费了4年时间。满城的东垣与北垣都是利用现成的西安大城城墙,只有西垣和南垣是重新砌筑的。西垣自钟楼东北角起,沿着北大街经西华门、后宰门，直到西安北城门安远门东侧，与大城北城墙连接；南垣自钟楼东南角起，沿着东大街，经端履门、大差市，到东城门长乐门的南侧，与大城东城墙连接。据雍正《陕西通志》的记载，满城南垣和西垣的墙体厚度虽然比不上西安大城，但其高度应当与大城墙相当。雍正年间修纂的《八旗通志》记载，西安满城"南北长一千二十八步，东西长一千二百步"；光绪十九年（1893年）陕西舆图馆《陕西省城图·测绘图说》则称"满城周二千六百三十丈，为十四里六分零。东西距七百四十丈，为四里二分零，南北距五百七十五丈，为三里一分零"。现代实测显示，满城周长8767米，东西长2466米，南北长1917米。由此计算，满城占地面积约4.7平方千米，约占西安大城面积的40%。西安满城占地规模在国内名列前茅，有学者研究认为，西安满城占地规模仅次于江宁府（今南京）满城。江宁府满城是在明初皇宫的基础上兴建的，西安满城以秦王府城为基础，面积略小是正常的，但值得一提的是，西安满城驻兵极多，远超全国其他满城。

满城虽然是个巨大的军事堡垒，但堡垒也需要出入。因此满城在兴建的过程中，一共新修了5座城门。根据乾隆《西安府志》记载，满城东门就是借用西安大城的东门长乐门，因此"东仍长乐"；满城的南垣与西垣的交会点是西安钟楼，此处有一个西南门，借用的就是钟楼的东侧门洞，因此"西南因钟楼"。另外三座门分别名作"新城门""西华门""端礼门"。

新城门与西华门都设置在满城西垣，介于钟楼与西安大城北门安远门之间。新城门靠近安远门，是满城的西北门；西华门则靠近钟楼，是满城的西门。新城门位于满城内后宰门大街的西口，而后宰门大街是拆除明秦王府北侧萧墙之后形成的。换言之，后宰门大街就压在秦王府北侧的外城墙上，因此，命名为"新城"就是相对于秦王府"旧城"而言的，其具体位置就是今天后宰门街与北大街的十字路口。西华门则与秦王府城萧墙西边的过门处于一条直线上，只是将西过门略微西移，形成了满城的西门，具体位置就在今西华门大街的西口。

满城的南门名为"端礼门"（后称端履门），设置在满城南垣偏西的位置，离钟楼较近。明秦王府就有端礼门，满城端礼门显然是借用了旧有的名称。不过明代的端礼门是秦王府内城的南门，满城端礼门的具体位置已经大为南移，不仅在原端礼门之南，而且也在秦王府萧墙南门的灵星门以南，具体位置就在今端履门的北口。

西安的明城墙是一个东西较长、南北较短的矩形城墙，这就造成东大街长而北大街短的情况。满城在与北大街平行的西垣新开设了两座城门，而与东大街平行的南垣只开设了一座城门，显然不能满足人们从南垣频繁出入满城的需要，况且满城以南是汉族聚居区，交往尤其密切。又因为康熙二十二年（1683年）曾一度兴建满城的南城，为方便南城与满城之间的联系往来，又在满城南垣端礼门以东开设了两个城门，分别叫"栅栏"和"土门"。栅栏又称"大菜市"，大致为如今和平路北口的大差市；土门则在西安大城东门西南侧先锋巷北口一带。这两座新开的城门从名称就可以看出，设置非常简易，并没有修建城楼，只是为了方便出入的便门，军事防御效果无法与其他满城城门相比，因此也达不到城门的标准。其中土门的遗迹已经难以寻觅了。

总而言之，西安满城共有7座城门，以开门方向而言，西垣自北向南分别是新城门、西华门与钟楼东门洞，南垣自西向东分别是端礼门、栅栏与土门，东垣是长乐门。西、南两垣均是3座门，因为借用旧有明城墙与防守的需要，满城东垣与北垣不再新设城门。

西安满城是一座纯粹军事性质的八旗驻防城，城内的布局和设施俨然一座巨大的军营。为适应军事化管理的需要，满城内部对明秦王府、郡王府以及附属机构进行了较大的改造，在原有基础上安置了重要的军事设施与八旗衙署。如将明秦王府整体拆毁荡平，建成八旗

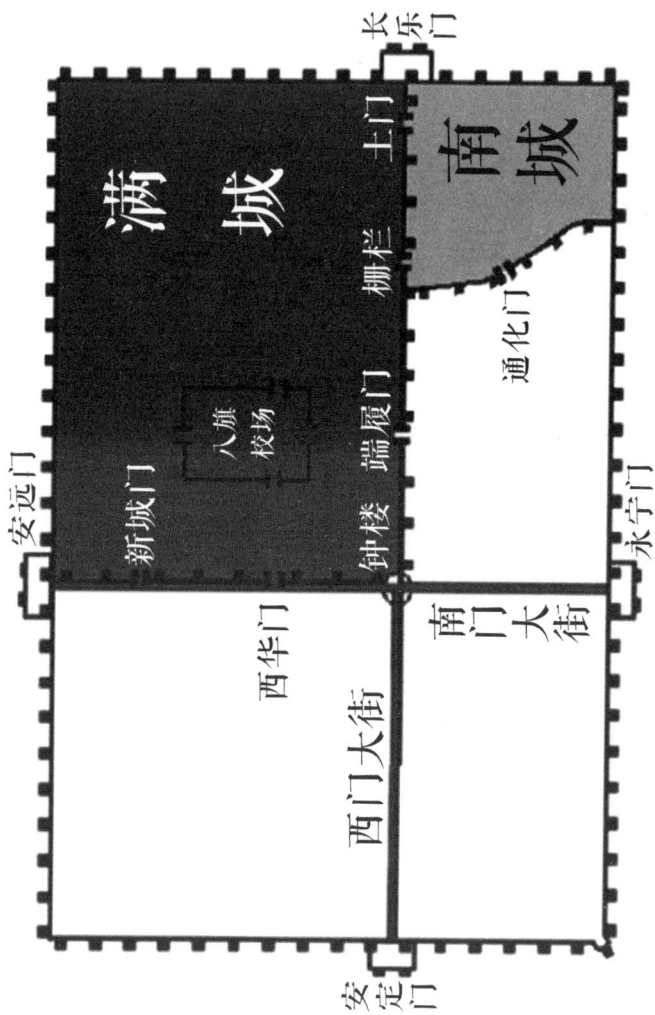

清代西安城平面示意图

长乐门

上门

南城

栅栏

通化门

端履门

八旗校场

钟楼

永宁门

新城门

安远门

西华门

南门大街

西门大街

安定门

满城

100

校场，用于满城驻防部队的军事训练；又如秦藩保安王府、汧阳王府分别改为八旗会府、满提督府；原先守卫秦王府的西安右护卫、西安后卫分别改建八旗将军署、左翼副都统署，秦府西南兴建右翼副都统署，秦藩郃阳王府则改建为左翼汉军副都统署。这些军事机构如八旗将军及左右翼副都统署、八旗校场、旗营堆房（巡防哨所）、军械库、火药库都占据着特别突出的地位。城内八旗兵驻防也有着较为严格而固定的位置，所谓"各照方向，不许错乱"。"城之北曰镶黄、正黄旗，其东曰正白、镶白旗，其西曰正红、镶红旗，其南曰正蓝、镶蓝旗"，这是依照五行相克的原理制定的。东方属木，白色代表金，正白、镶白旗驻东方，取金能克木之意；西方属金，红色代表火，正红、镶红旗驻在西方，则火能克金；南方属火，蓝色代表水，正蓝、镶蓝旗驻在南方，则水能克火；北方属水，黄色代表土，正黄、镶黄旗驻在北方，则土能克水。依照这一原则，西安满城八旗被划分为8个区，大致以校场为中心。两黄旗驻扎在八旗校场的北边，即今陕西省政府以北地区；两红旗驻扎在八旗校场的西边，即今陕西省政府到北大街之间；两蓝旗驻扎在八旗校场的西南，满城的南部地区，即今东大街钟楼、端履门到大差市以北的地区；两白旗驻防在八旗校场以东，即今大差市到西安火车站解放路以东的地区。不过，这只是大致分布的原则，并不是绝对的固定，如校场东边还有镶蓝旗堆房，正南方也有正红旗堆房。八旗驻军又分别归属于左、右翼副都统衙署管辖，左翼副都统衙署管辖东4旗，即镶黄、正白、镶白、正蓝旗；右翼副都统衙署管理西4旗，即正黄、正红、镶红、镶蓝旗。满城内各重点紧要地点又分设堆房38座，主要分布在今大差市到火车站解放路以西、八旗校场周围，每处堆房均有八旗兵值班巡查，严密守卫。

满城除了驻扎防守的八旗军队，还有大量的军兵家属。因为八旗制度原本就是以旗统人、以旗统兵的军政合一的制度，又是备战、务农两不误的兵民合一的社会组织，因此八旗驻军的妻儿老小也是八旗的一分子，因此有大量人口居住在满城之中，城内街巷非常密集。据清光绪十九年陕西舆图馆测绘的《陕西省城图》的注释文字记载，满城内有7条大街、94道巷子。图中小巷纵横交错，虽然短小密集，但排列有序，并且这些巷道命名具有典型的军事色彩，如八旗校场东侧分布着东西对称的东一巷、西一巷，东二巷、西二巷，一直向北排列，直到东九巷、西十巷。这些巷道纵横交织，将满城各个区域有效联系起来，增强了满城军事防御的功能，也奠定了今日西安城内东北地区街道的基本格局。

不过满城地图中最为醒目的还是占地面积颇广的八

旗校场，上文已经提到八旗校场是拆除明秦王府之后修建的。康熙四十四年（1705年），康熙皇帝西巡西安，曾到八旗校场检阅八旗兵的军事训练。在满城这座巨大的军营中，军事训练是最为重要的项目，因此八旗校场是其中的重中之重，满人也不能随意出入，校场还设有四门，这很可能是明代秦王府的遗迹。据《八旗通志》记载，校场东西长三百三十步，南北长三百一十二步，总面积约相当于现在的0.26平方千米。清朝末年，美国人盖尔来到了满城，他说："在中国所有重要的城市都有用城墙隔开的八旗驻防区域。迄今，鞑靼军兵仍举行军事操演，投石、掷棒、骑射；但这一制度已经废弛，鞑靼城也渐渐荒芜了。"

满城里的八旗子弟普遍享受特权，生活所需银两和粮食都由陕西布政使司库房（蕃库）和东、西二仓按月发给，满族人不从事工商业生产，满城内既无商业，也无手工业，日常生活用品全靠大城供给。随着时间的推移，八旗军队的战斗力每况愈下，成为饱食终日、无所事事的八旗子弟。辛亥革命爆发之后，陕西新军于同年农历九月一日（10月22日）响应武昌起义，迅速攻占西安大城。九月二日，革命军乘胜进攻满城，从西、南两个方向发动攻击。满城内的八旗兵全体上城抵抗，但他们多年不进行军事训练，心惊胆战之中，对满城上的大炮及其他军火几乎不能熟练使用。在革命军的强力攻击之下，满城八旗纷纷弃械，或逃走或投降，只有少数旗兵负隅顽抗。午后3时左右，革命军从满城南垣大、小菜市之间挖开城墙，顺利攻入满城。与此同时，西面的革命军攻下了新城门。八旗军兵残部只得退往北城门楼据守，革命军两面集中火力猛轰，引发安远门城楼内火药库爆炸，城上及附近旗兵死伤惨重，满城彻底混乱起来，有旗人纵火自焚，或投井自杀，或死或逃。旗兵将军文瑞见到大势已去，也投井身亡，满城遂被革命军占领。由此，清朝统治者在西安267年的统治结束了，八旗驻军被消灭，满城的军事戍守已无必要，此后满城被逐步拆毁，只留下不少至今耳熟能详的地名。

二、南城的兴建与废弃

清康熙二十年（1681年）冬，清军攻入昆明，吴三桂之孙吴世璠自杀，历时8年的"三藩之乱"终告平定。康熙皇帝事后总结成败经验教训，深感八旗城防的重要性只能增强、不能削弱。康熙二十二年（1683年），在康熙皇帝的提倡之下，举国上下兴起了新一轮兴建满城的高潮。

三藩之乱时，驻扎固原的陕西提督王辅臣暗地里接受吴三桂的委任状，乘机发动叛乱，并在宁羌杀死了入川平叛的经略大臣莫洛。此事发生之后，驻防西安的八旗军队竟然不敢攻击，只能龟缩在西安满城。王辅臣在陕南、关中如入无人之境，一路无阻地退回固原老巢。三藩之乱平定后，王辅臣自杀身亡，陕西终告安宁。

这一事件也促成了西安八旗驻防军事区的扩建。康熙二十二年，清廷向西安增驻左翼八旗汉军，为了安置新驻军，便在满城之南修筑"南城"作为驻防城。西安作为西北军事重镇的地位被推向了极致。

南城选址在满城西南。其北垣借用了满城南垣东南段（今尚德路南口以东），东垣继续借用西安大城东门长乐门以南的城墙，南垣则是借用西安大城（今和平门以东）的城墙，只有西垣是新建城墙。新筑的西垣大约在今马厂子、东仓门一线，马厂子在北，东仓门在南，不过这两条小街并非笔直的南北向，而是呈西北—东南走向。这就造成南城的西垣并非南北直线，而是呈北长南短、东直西斜的不规则梯形。由此可以看出，南城的建造主要就是修筑了一道西垣墙，其余三面都是利用既有的西安大城及满城城墙。因为工程量不大，康熙二十二年开始修筑南城，仅花了一年时间就兴建完毕了。

兴建南城的本意是加强与原有满城的沟通，通过左翼汉军八旗的入驻，增强西安大城的防卫能力。在这样的总体布局之下，南城与满城之间的共用城垣势必要打破。因此，在筑造南城的同时，就将满城南垣东段逐步拆除，南城与满城实际上连接成了一个整体，合为一座新的满城。乾隆四年（1739年），为了方便南城的交通，又在南城西垣开设了通化门，具体地点在今马厂子街南口一带。这样算来，新满城一共有6座城门：东垣为长乐门，与西安大城共用；南垣原先有端礼门、栅栏、土门3座门，但由于南城修筑之后，栅栏与土门作为旧满城的2座小门随着满城南垣东段的拆除而消失，因此南垣仅剩下一座端礼门；西垣没有变化，自北向南仍旧是新城门、西华门、钟楼门洞，加上新开的通化门，一共4座城门。

南城从功能上来说，属于满城的扩展区。虽然面积不大，但对西安大城的总体形制产生了不小的影响。首先，原先满城虽然占地面积很大，但由于是处于西安大城的东北区，城内东南、西北、西南三个区域仍能够正常运行；而南城建成以后，西安大城就被分割成了东部满城区、西部非满城区两个区域，原有城市形制被打破。原本生活在南城区域的汉民的生活状况恶化。其次，南城修筑之前，旧满城与西安大城共用大城东门长乐门，长乐门虽说是军事禁地，但非满族居民可以通过长乐门瓮城，沿着东城墙的顺城巷进入南城居住区；可南城修筑之后，长乐门完全变成新满城的东门，满族以外的其他民族民众都不可能从长乐门穿越满城进入大城西部的汉民、回民聚居区。故此，修建南城固然带动了东关城的繁荣，但也加剧了西安城内的民族矛盾。

清乾隆四十五年（1780年），因西北地区用兵，乾隆皇帝命驻扎在西安南城的汉军八旗移驻凉州（今甘肃武威）等地。"汉军出旗"之后，南城一度荒废，清廷遂令将南城西垣拆毁，八旗驻防区恢复原状。自康熙二十二年修筑南城，到乾隆四十五年拆毁，南城存在了近百年。旧满城与南城之间的城垣被拆除之后，两地畅通无阻，城内旗军在栅栏、土门一线修建了不少房屋居住。当汉军八旗调防之后，南城撤销，旧满城的南垣西段早已无存。为了重新修补南垣，并尽量减少旗军损失，便利用既有旗军民房外墙作为南垣，对南垣修修补补。这在乾隆盛世不失为一个简单易行的好办法，但到了辛亥革命爆发时，陕西新军正是看准了满城的薄弱点，对大差市以东的一处民房后墙发起了攻击，革命军最终攻入满城，消灭了驻防八旗军队。乾隆四十五年重建南垣马虎了事，却为辛亥革命时满城被攻陷提供了便利。

三、汉城、回城与满城

大家都知道，唐代的长安城是一座国际大都市，丝绸之路上的客商会聚在这里。长安城里不仅有来自波斯、大食的西亚商人，跳胡旋舞的歌舞伎，还有头发卷曲、皮肤黝黑的昆仑奴。不过，人们对于明清时期西安城内居民的情况就所知不多了。其实明清时期，尤其是清代，西安城内仍然呈现着异彩纷呈的多民族聚居的生活场景。

明代西安城内除了汉族人之外，还有大量的信仰伊斯兰教的回民居住于此。从保存至今的明代清真寺，我们仍能依稀想见明代西安城内多民族聚居的景象。清代，随着满洲八旗驻防，西安城内呈现出满族、蒙古族、汉族、回族等各族民众共处的情形。1913年美国学者汤姆森在《革命中国》一书中，详细描绘了西安城内多民族聚居的场景。书中记载道："西安城呈现出万花筒般的多民族景象：缠红头巾的穆斯林，穿红衣服的鞑靼，缠蓝头巾的蒙古人，着长筒靴、留大胡子的俄罗斯人，穿长筒靴的藏人，穿蓝色长袍的汉人，穿黄色法衣的喇嘛，时而还会看到患有瘿瘤的当地人、穿长袍的满洲人，以及从种族起源之地迁徙到中国东部成为征服者的秦人、周人的后裔，还有希伯来人，他们也许会夸耀自己带有土耳其东部亚拉腊最为纯正的血统。"（史红帅著《明清时期西安城市地理研究》，中国社会科学出版社，2008年，第417页）从清末来到西安的外国学者的记述中，我们会发现西安城内不仅有汉族人、满族人、回族人、蒙古族人、藏族人，还有鞑靼人、俄罗斯人，甚至还有希伯来人。多民族人口聚居的状况充分说明清代西安城在我国西北地区处于核心地位，而且一直扮演着联系中亚、西亚乃至欧洲等地的重要角色。

不过要说清代西安城内人口位居前三的民族，必然是汉族、满族与回族。汉族人、回族人是西安城内的老居民了，而满族人是清朝建立之后迁移而来，成为西安的征服者与镇守者。这三大民族在西安城内有着各自的聚居区域，空间分布上可称为"汉城"、"回城"与"满城"。清末《陕西乡土地理教科书》就明确说，"城内居民分为三大区，汉人居城南，回民居城北，驻防旗人则居东北隅子城之内"，反映出清代西安大城的居民依据民族分区居住的特点。

回城，又被称为"回坊"。该区域的居住特点是"围寺而居"，化觉巷清真大寺、大学习巷清真寺、大皮院清真寺、小皮院清真寺、洒金桥清真寺等清真寺共同构成了回民生活的中心。明末清初，随着回民人口不断增长，为适应回民人口聚居和宗教信仰的需求，清真寺也在不断地扩建、新建。日本学者足立喜六于清末任教西安，他在《长安史迹考》一书中记载："西安城内西大街之北与北大街之西，都是回教徒的居住地。在其廓内的小皮院巷、大皮院巷和花角巷（即今化觉巷），各有一座大清真寺。清真寺是回教徒的会堂。回教徒每周参集一次，进行礼拜，故清真寺又被称为'礼拜寺'。"这一记载明确指出西安回民围绕清真寺居住的特点，而且足立用"廓"一词称呼该居住区，可见当时"回城"之说约定俗成，得到西安居民的一致认可。

清同治元年（1862年）五月，关中地区回民起义进入高潮。陕西省及西安府各级官员为固守西安城，阻止城外回民起义军与城内回民联络，将城内回民限定在东起北院门、西至洒金桥、北到莲湖、南至西大街的回坊之内，并设立栅栏为界，命官兵把守，限制回民出入。这一举措进一步强化了回民居住的空间范围。清代回族聚居区在居住空间、人口职业等方面都呈现出相对独立的特点。

如果说回城的空间范围是相对固定的，那么满城给人的感觉就是一片绝对凝固的区域范围。西安满城内的聚居者是满洲人与蒙古人。在清军入关之前，满洲人已经与漠南蒙古人结成了联盟，满洲八旗之中有着相当数量的蒙古人。清朝初年，西安满城额定的"五千马甲"中，包括满洲兵3586名、蒙古兵1414名，蒙古兵几乎占军兵总额的30%，再加上蒙古兵的眷属家人，总人口也不是一个小数目。与回城、汉城不同的是，满城的形成完全是出于政治与军事的需要，是一个人为隔绝的满蒙社区。居住在一城之内的汉族、回族、满族、蒙古族民众虽然有着千丝万缕的联系，但在政治地位、管理制度、生活习俗乃至文化心理上，彼此之间都存在着巨大的差异。辛亥革命之后的数年间，满城被拆毁，居住在旧满城范围内的满族、蒙古族大多逃亡一空。西安的城市格局再度调整，回城民众生活空间没有发生显著变化，而汉族人的居住空间得到了快速扩展。

四、南院门与北院门

　　明代西安城的东北片区是秦王府城，到了清代，秦王府城被规模更大、占地面积更广的满城所取代。明清时期的西安是西北政治中心，更是控御西北数省的军事重镇，城内的官署衙门的数量非常可观，但鉴于城内东北片区无法建设衙署，陕西省及西安府的各级官署都被设置在了西安城的西部，或是嵌入"汉城"之中，或与"回城"相邻。其中最重要的就是南院门与北院门两片衙署区。

　　南院门一带在唐代就是皇城内的官署区，大致位于承天门大街中南段东边第四横街之南的左领军卫与第五横街之南的太仆寺范围之内；明代大致为秦藩永寿王府及提学道衙门所在地；清代成为总督衙门，是全城的行政中心。南院门的范围：东临竹笆市，西靠南广济街，南为南院门广场和南院门街，北至西大街。清顺治二年（1645年），设立陕西三边总督，管辖今陕西、甘肃、宁夏及青海西宁等地，当时的总督衙门就设在南院门。次年，又兼管四川。至顺治十一年（1654年），改称"川陕三边总督"。顺治十八年（1661年），因成都设置四川总督，又改称"陕西总督"，兼管甘肃。康熙五年（1666年），改称"山陕总督"，管辖山西、陕西、甘肃三省。康熙十一年（1672年），停止管辖山西，再度改称"陕西总督"，仍兼管甘肃。此后的康熙、雍正、乾隆三朝，驻在南院门的总督时而称"川陕总督"，时而改称"陕甘总督"，变更频率极快。直到乾隆二十五年（1760年），四川另置总督，南院门衙门又更名为"陕甘总督"，管辖陕西、甘肃两省，总督的管辖区域才基本稳定下来。乾隆二十九年（1764年），陕甘总督衙门移驻甘肃省兰州府，直到清朝灭亡再未变动。自顺治二年至乾隆二十九年的120年间，驻在南院门里的总督衙门一直是管辖数省的政治中心，虽经清廷频繁调整，但控御西北、西南的政治地位始终未变，南院门前牌楼匾额为"控制西陲"4字，是对陕甘总督职能的高度概括。孟乔芳、年羹尧、岳钟琪等名臣均在此任职。

乾隆二十九年，陕甘总督移驻兰州之后，南院门改为陕西巡抚衙门，仍然是陕西的政治中心。清光绪十九年，陕西舆图馆绘制的《陕西省城图》中，将南院门标注为"巡抚部院"，南门正对南院门大街，东侧则是光绪十五年（1889年）新建的电报局，为沧桑古城带来了几分现代化的色彩。衙署以西有空地，周围筑墙，其中建官厅五间，是校阅卫兵的场所。南院门的东北角是著名的"晾宝楼"。光绪二十六年（1900年），慈禧太后与光绪皇帝逃难至西安，在西安居住期间，各省官员纷纷往西安敬献贡品，其中有不少工业品和工艺美术品。慈禧返京时，将其中的精品带回，没能带走的则留在西安。宣统元年（1909年），陕西巡抚恩寿在南院门东北角修建"劝工陈列所"，展出慈禧留下的宝贝，民众可以购票参观，老百姓俗称此地为"亮宝楼"。民国四年（1915年），此地改为陕西省图书馆。民国十五年（1926年），改称中山图书馆。2003年"中山图书馆旧址"被确定为陕西省重点文物保护单位。

与南院门相似，北院门一带唐时为皇城官署区核心位置，在承天门大街东边，宫城之南的第二横街以北左卫官署范围之内。在明代它是陕西都察院所在地。明太祖朱元璋即位之后，为防止地方权力过大，取消了元代的行省，将地方上的行政权力一分为三，承宣布政使司主管民政、财政，提刑按察使司负责司法监察，都指挥使司负责地方军政。不过这种管理方式成本很高，在一省之内没有总负责人，容易出现推诿扯皮的现象。

为此，明廷常常派出都御史巡查处理地方要务。陕西地处西北，地域辽阔，民政军务纷繁复杂，自明宣德二年（1427年）之后，就经常委派都察院都御史巡抚陕西，处理陕西政务。为方便巡抚办公，宣德七年（1432年）在北院门修建了都察院衙门。到了明正统、景泰年间（1436—1456年），陕西巡抚成为常设官职，位于北院门的都察院衙门不断增修，最终成为明后期陕西巡抚的衙署所在地。自清顺治二年（1645年）八旗军队占领西安之后，北院门一直是陕西巡抚的衙署所在地，这一片区东至官书局，南对北院门大街，西至麦苋街，北靠八家巷。乾隆二十九年（1764年），陕甘总督迁驻兰州之后，南院门总督衙门空闲。后陕西巡抚自北院门搬至南院门办公，具体搬入南院门时间不详，但不晚于清光绪十九年（1893年），该年陕西舆图馆绘制的《陕西省城图》中，已将南院门标注为"巡抚部院"。

慈禧太后避难西安时，先住在南院门。此后因慈禧嫌南院门房屋狭小，陕西地方官员又将北院门修饰打扫作为行宫，供慈禧太后、光绪皇帝居住。一时之间北院门成为全国政治中心，呈送贡品、进贡银两、卖官买官者络绎不绝。跟随逃难的王公大臣也都在北院门一带租房居住，北院门附近大商号、银号如雨后春笋不断涌现，形成一派畸形繁荣的景象。慈禧离开西安之后，北院门作为行宫保留，按规定不能再供地方使用。据传，清末陕西布政使樊增祥因在北院门请客吃饭而被撤职，后经张之洞斡旋才被再度起用。中华人民共和国成立之后，西安市人民政府入驻北院门。2011年西安市政府迁入西安政务中心，北院门改为莲湖区政府所在地。

西安城内除了南院门、北院门这两处政务核心区之外，根据清光绪《陕西省城图》的标注，鼓楼一带也是官署密集区，陕西布政使司衙门、督粮道署及西安府衙均位于北大街与鼓楼北院门大街之间的狭长地带，鼓楼以西、西大街以北则是陕西按察使司衙门、厘税总局、长安县衙所在地。此外，在汉城与满城南城的交界线马厂子以东又是咸宁县衙所在地，加上城南的三学街、城西的贡院等文教功能区，西安城内留给汉族居民的生存空间显得较为狭窄。

除南院门、北院门这类官署区占地面积较人之外，明清西安城内多是纵横交错的小街巷，数量极多，即便是在满城内也不例外。城内街巷名称很多可以追溯到明代，大致分为8种类型：一是以地理环境和典型景观命名，如莲花池巷、二元坑、梁家牌楼、钟楼、鼓楼一类；二是以方位（东西南北）命名，如满城内东一巷、东二巷直到东九巷，西一巷直到西十巷，东羊市、西羊市一类；三是以街巷外形特征命名，如十三拐、长巷、轱辘把巷一类；四是以行业命名，如骡马市、大菜市、油店巷、案板街、糖坊街、竹笆市、鸡市拐、粉巷、大皮院一类，这些街巷多是某一行业商贸经营的集中分布区，对于其主要经营的产品，一看街巷名称就了然于心；五是以邻近寺庙命名，如太阳庙街、五岳庙门、湘子庙街、观音寺巷、（城隍）庙后街一类；六是以官署、仓库等官府建筑命名，如上文提到的北院门大街、南院门大街、县坡巷、社学巷等；七是以吉祥字号命名，如太平巷、德福巷、保吉巷、吉昌巷等等；八是以姓氏、住户数量等情况命名，如曹家巷、王家巷、夏家十字、卢进士巷、二府街、三家庄、八家巷等等。除以方位、标志性建筑物命名以外，最为常见的就是以行业命名的街巷。

五、龙首渠、通济渠与甜水井

　　西安位于渭河流域中部的关中盆地，在历史上河网密集，周边有渭、泾、沣、涝、潏、滈、浐、灞八条河流在西安城四周川流不息，享有"八水绕长安"的美誉。唐代长安城就是依靠周边的浐水、潏水等河流及秦岭北麓水源，通过开凿龙首渠、永安渠、清明渠、黄渠、漕渠等渠道引水入城，保障城市生产、生活所需，但随着自然环境的变化以及人类活动对生态环境的破坏，西安在明清时期已经成为一座缺水的城市。

　　为解决西安城用水问题，明代继续实施开渠引水工程，明洪武十二年（1379年）对唐代的龙首渠进行整修，一度恢复城内供水，自城东入城，止于城西北的莲花池，为秦王府城河以及西安大城城河提供水源，在保障了城池防御功能的同时，也满足了城市用水、秦王游赏的需要。不过，由于龙首渠水量有限，而秦王府城用水量大等原因，渠水无法满足西城用水需求。明成化元年（1465年）又开通了通济渠，水网自城西入城，自城东出城，不仅覆盖了城西大部分地区，也成为城东区和城壕用水的主要来源。

龙首、通济二渠自明代修成之后，直到清乾隆年间，基本上能够有效供给西安城市用水。但出于军事防御的需要，乾隆中叶在维修西安城墙时堵塞了两条水渠入城的水门，这直接导致了西安城内用水出现困难的局面。此后虽有主政官员意图恢复，但多未能成功，或是延续时间极短，渠道被迫废弃，城内不得不使用井水。

细心的读者可能会产生疑惑了：既然可以在城内开凿水井，为何还要花费如此大的人力物力修建水渠呢？这主要是西安城内地下水水质苦咸无法饮用导致的。隋代放弃汉长安城旧址，选择在龙首原上兴建大兴城，根本原因之一就是汉长安城内"水皆咸卤，不甚宜人"。即便如此，隋大兴城，也就是唐长安城的地下水仍然是咸卤水，不宜饮用，因此才不得不开渠引水。但在乾隆中叶之后，城墙水门堵塞，水渠中断，西安城内用水不得不再次选择地下水。而维修城墙者胆敢随意封堵水门，也是有原因的。

康熙六年（1667年），陕西巡抚贾汉复疏浚通济渠之际，当时就有善于查看水脉的工匠建议在西门安定

碑林博物馆藏明成化元年《新开通济渠记》碑（局部）

门瓮城内挖掘水井。贾汉复听从了这一主张，结果真的挖出了一口"甜水井"，"水甘而旺，遇旱不涸，足资汲饮"，后世就把西门瓮城井称作是"长安第一景，四个辘轳八个井"。这口水井至今尚存，只是时过境迁，早已卸下了原先供给全城饮水的重任，而成为西安城墙内的一道风景。此井开凿之后，官员们乐观地认为龙首渠、通济渠已经没有存在的必要了，况且渠道需要不断整修，不如井水一劳永逸，这就为堵塞城墙水门埋下了伏笔。

查看光绪十九年绘制的《陕西省城图》，西门内南北两侧均标注有"井""井园"。此外，位于城内西南土地庙十字以南又有甜水井、冰窖巷，此处应当是晚于西门瓮城水井的一处深水井。明清西安城区地下水水质大约以东西大街为界，南边水甜、北边水咸。由于甜水井水量有限，清代在城内贩卖甜井水的商贩也不在少数。南院门大街西段就有水车巷，就是手推水车穿街走巷、贩卖甜井水的小贩在城内的聚居地。

不过我们也应当看到，井水显然不能完全满足西安城内百姓的需求，清代后期西安城内人口极多，甜水井必然是首先保障满城八旗及政府官员用水所需，普通百姓需要排队汲水，费时费力，还要花钱购买井水，确实给民众生活增加了不少的麻烦和负担。

在中国封建社会的晚期，明清两朝统治者对西安的重要意义与现实意义有着极为清醒的认识。不少威名赫赫的帝王将相都与西安有着密切的关系，民间也流传着他们与西安的故事。这一章我们就来说说明朝末年的李自成，清朝康熙皇帝、慈禧太后在西安的风云往事。

李自成出身陕北米脂贫苦农家，因不堪忍受明王朝的压迫统治，带领农民军征战十数载，消灭明廷精锐孙传庭所部，攻克西安城，在西安登基称帝。清康熙四十四年（1705年），康熙皇帝西巡西安，检阅军队，蠲免税赋，笼络蒙古贵族，下令在西安兴建藏传佛教寺庙广仁寺。清光绪二十六年（1900年），慈禧太后同光绪皇帝为躲避八国联军的追击，一路西逃，在西安避难一年有余。在此期间挥霍无度、卖官鬻爵，给西安老百姓带来沉重负担。

第七章　闯王建基业，帝后多垂青

——风云人物在西安

一、李自成西安称帝

明天启、崇祯年间，陕北发生了持续多年的严重旱灾，赤地千里，饿殍遍野。但是朝廷对百姓的横征暴敛有增无减，为了对付盘踞辽东、势力日益强大的满洲贵族集团，又在正常赋税之外加派所谓"辽饷"，用于辽东战事。此外，陕西有大量的秦藩宗室人员，食国家禄米，广置庄田、不纳赋税。政府只能在百姓身上打主意，苛捐杂税使农民大量逃亡，留下来的百姓得不到救济，更要被逼迫缴纳逃户的税赋份额。这就让陕北遭受旱灾的农民生活更为困苦。

天启七年（1627年），渭北平原上的澄城县知县张斗耀拷打农民、逼索钱粮，走投无路的农民纷纷闯入县城，将张斗耀乱刀砍死。消息不胫而走，早已被旱灾、饥荒与横征暴敛逼上绝境的陕北各地农民和军户纷纷响应，揭竿而起。次年，陕北府谷县、安塞县、白水县、清涧县百姓纷纷举起义旗，一场席卷全国的农民战争就这样爆发了。

起初，明廷没有将农民军放在眼里，认为其不过是小股匪患。崇祯二年（1629年），登上帝位不久的崇祯皇帝朱由检为解决财政困难，下令裁撤驿站，以削减政府开支。这个政策完全没有考虑到陕北地区的特殊情况。陕北是明代边防的重区，驿递系统特别发达，所以在这次削减中更是无可避免，大批靠在驿站提供劳役的驿卒与民夫失去了原本就很微薄的收入来源。此时的陕北已经灾荒多年，这些驿卒求生无望，无奈之下，也纷纷加入农民起义军之中。

同年，由于满洲军队大举进犯，明廷又调集西北边军赴京勤王，陕北延绥镇的军士们因为总兵贪污军饷、盗卖军马而哗变，留守原防区的军户也同样缺饷，不愿饿死而加入起义的队伍。

失业的驿卒和起义的边军都是经过正规军事训练的，边军更是与蒙古人战斗的主力，具备优良的军事素养，这些人大批加入农民起义军中，给农民军的力量带来了质变，使得陕北的起义烽火愈烧愈炽。这才让明朝统治者产生了危机感，不得不下大力气进行镇压。崇祯三年到五年（1630—1632年），陕北的农民军纷纷东渡黄河，向山西发展，又通过山西向中原推进，明朝的统治受到了致命的威胁。

随着明末农民战争的发展，各支农民军逐渐由分散走向统一。通过自愿联合与武力兼并，起义初期号称"十三家七十二营"的众多小股农民军逐渐演变为李自成和张献忠双雄并立的局面。

万历三十四年（1606年）八月二十一日，李自成出生在米脂县双泉里的一个农户家里。其家所在的村子名"李继迁寨"，据说是宋代党项族领袖李继迁的故里。从史籍所载李自成相貌特征看，其先世很可能有党项血统。其祖父李海，父亲李守忠，李自成乳名黄娃子，幼年曾经被舍入寺庙，后来又到地主家放羊，家境十分贫寒。

天启六年（1626年），21岁的李自成应募成为米脂县圁川驿（一说银川驿）的马夫。他曾因小事被乡绅捆绑毒打，又因为骑死了驿站两匹驿马，被官府逼迫赔偿。这一系列被欺压的往事，使他心中积聚起了对明王朝的仇恨。崇祯二年，明朝裁减驿站，驿卒们陷入失业的绝境。李自成也一样难以继续生存，为求活命，不得不投身于农民起义中。正如史籍所载："李自成，银川驿之马夫耳，奋臂大呼，……九州幅裂。"由此可见，明末朝廷裁撤驿递的决定，是迫使更多的贫苦群众走上起义道路的一个重要因素。

起义之初，李自成带领侄儿李过等一批青年投奔义军首领张存孟，成为其麾下的第八队队长。张存孟败降后，李自成率领以他的"老八队"为骨干的部分义军成为新的义军首领。不久，李自成与其他义军东渡黄河进入山西，由于他在战斗中英勇无畏，兼之军事才能出众，治军有方，逐渐被称为"闯将"。到崇祯五年（1632年），李自成在各支农民军中已名声昭著，"御众严，号令一，领一军不敢仰视，以故制胜，雄于诸寇"。在与明军的长期战斗中，他被明朝官员称为"贼首"中的"最枭劲者"。他率军在山西境内连续攻克隰州（今山西隰县）、辽州（今山西左权）等重镇，并于次年冬渡过黄河，挺进中原，活动于江淮河汉地区。

崇祯十一年（1638年），明廷命陕西三边总督洪承畴坐镇西安，指挥围剿农民军。洪承畴熟悉兵情地理，善于抓住战机。他调集所有可用的军队，大举围攻农民军。李自成出川，被洪承畴设伏于河州、洮州等地，遭遇惨败。李自成欲西往甘肃、青海补充马匹，略作休整。洪承畴却不容其喘息，派兵穷追不舍。李自成走投无路，不得不掉头东奔，却在陕南地区又一次陷入包围，几乎全军覆没，起义军一度只剩300余人。但李自成并未放弃，潜伏在川陕楚交界的大山中，等待时机。崇祯十三年（1640年）冬，李自成重新出现在河南，中原的饥民听闻"闯将"到来，大批前往投奔。他又联合了罗汝才等义军，很快发展为几十万大军。此后，他攻克洛阳，三围开封，五败明军，并于崇祯十六年（1643

年）在湖北襄阳建立政权，自称"奉天倡义大元帅"，成为明末农民军中实力最强的领袖。

李自成率领的农民军一步步壮大，明王朝的统治日薄西山。但崇祯皇帝并不死心，还想拼死一搏。自崇祯十六年（1643年）五月起，朝廷不断催促驻扎在西安的陕西总督孙传庭出兵迎战李自成。崇祯皇帝命令孙传庭出兵潼关，同长江中游的左良玉部合歼农民军。一些陕西籍的官僚也由于孙传庭征兵征饷加重了自己乡土的负担，抱着以邻为壑的心理赞同孙部尽早出关。孙传庭曾在河南郏县吃过败仗，知道农民军势大难敌，希望多争取时间练兵储饷，加强实力，所以尽量拖延出关的时间。

不少朝廷大臣也早就看出，孙传庭统率的陕西官军是唯一可用的王牌，孙传庭部一旦被歼，明王朝必将覆灭。因此，他们极力主张慎重行事。但此时崇祯皇帝眼见李自成在襄阳建立政权，已然失去耐心，只想拼死一搏。

孙传庭抵挡不住崇祯皇帝的不断催促，只得率军出关。崇祯十六年八月初一日，孙传庭在西安关帝庙誓师，命总兵马爌、秦翼明随陕西巡抚冯师孔，取道商洛进河南南阳，作为偏师，自己统率总兵白广恩、高杰、牛成虎等部共十万人马东出潼关。与此同时，又调遣河南副总兵陈永福于洛阳会师，调左良玉统兵西上，夹攻农民军，试图毕其功于一役。

李自成早已得到陕西官军将要出关的消息，从四五月起就调兵遣将，准备极为充分。他在战略上采取了诱敌深入的方针，把主力部队部署在了郏县以南地区。至于从潼关到郏县之间的广阔地带，则只留下为数不多的巡逻部队，其间郡邑均不屯兵设防。

八月上旬，陕西明军重新占领洛阳。孙传庭的幕僚劝他不要贪功冒进，应采取稳扎稳打的策略，先以洛阳为基地，修复城堞，招徕流民，开屯田，储粮草，这样进可战，退可守，待时机成熟时再进取中原。但孙传庭畏惧皇帝的命令，不敢在洛阳驻留，继续领兵向南进攻。李自成故意示弱，诱使孙传庭南进。孙传庭率军轻易地攻打到宝丰县。意外的胜利令他大喜过望，由之前的心虚胆怯，骤然变为傲慢轻敌。为了获取更大的功劳，他在进军途中滥杀平民，斩级计功。

孙传庭孤军深入，距离后方供应基地越来越远。又值大雨滂沱，道路一片泥泞，官军粮车速度缓慢，前线的士卒和马匹饥瘦不堪。李自成见时机成熟，当即采取行动。他一边动员沿途百姓坚壁清野，使官军无法就地筹粮；一边派大将刘宗敏率骑兵由小路包抄到官军后方，在河南汝州的白沙切断了官军运送粮饷的通道。孙传庭闻讯大惊，军心开始不稳。李自成此时却下战书，指定日期同官军决战。孙传庭别无他法，命河南总兵陈永福留守大营，自己亲统率嫡系部队分路撤退，企图重新打通粮道。陈永福部下士卒见孙传庭嫡系的陕军回撤迎粮，自己却被留下来为其断后，都愤恨不已，拒绝服从军令。陈永福心知军心难违，只好在孙传庭大军离开后随部众北撤。阻击部队一逃，义军乘势对孙传庭部发起总攻，官军大乱，全线崩溃。农民军一直北逐400余里。孙传庭率总兵高杰沿途收拢散亡士卒数千骑北渡黄河，经山西垣曲县绕到潼关。总兵白广恩也带领着残兵败卒向潼关逃亡。李自成在郏县战役中大获全胜。这场胜利的意义十分重大，给了明政府最后的精锐部队以毁灭性的打击，为推翻明王朝的统治奠定了基础。

孙传庭惨败之后，率残部据守潼关，意图阻止农民军入陕。崇祯皇帝接到败讯后恼羞成怒，把责任统统推到孙传庭身上，说他"轻进寡谋，督兵屡溃，着削去督师尚书"，又命他"戴罪收拾余兵，守关图功以自赎。如纵贼入秦，前罪并论"。不久，崇祯皇帝又下令升白广恩为援剿总兵官，拨给兵员3万，希望白广恩同孙传庭一道固守潼关，保住陕西。退据潼关的官军残部虽然尚有兵员4万，不过已是惊弓之鸟，没有多大的战斗力了。

就在官军喘息未定之时，李自成义军开始了进军陕西的战役。按照李自成的部署，他自己同刘宗敏等统率义军主力，由洛阳西攻潼关，然后向西安挺进。同时派袁宗第等人带领右营十万兵马作为偏师，从河南邓州出发，取道陕西商洛地区，同主力会师西安。十月初，义军接近潼关。孙传庭令白广恩部扎营于关城外通洛川，总兵高杰部扎营于南门外西山头，他自己驱使城中壮年男子守城。十月初六日，义军自陶家庄进抵官坡，奋勇冲击。高杰部不战而逃，白广恩部溃败。由于官军士卒的家中妻小居住在潼关城里，士卒们争先恐后地逃进城，"保妻孥夺门出"，有的士兵急于入城，用刀劈开南水关栅栏。义军尾随而进，趁势占领潼关。孙传庭在混乱中身死。潼关一破，通往西安的门户就彻底打开了。

潼关大胜后，李自成继续西进。十月初十日，李过攻克临潼县，次日到达西安城下。此时西安城的守御已十分薄弱，地方官员留下途经西安的5000名川军协助守城。冬季天气寒冷，川军没有御寒衣物，苦不堪言。城内官僚们劝秦王朱存极出钱给守城将士购置棉衣，以鼓舞士气，收拢军心。岂料，吝啬的秦王毫不迟疑地予以拒绝。守城副将王根子对此大为不满，他深知此时西安已是孤城，死守凶多吉少。在看透秦王朱存极不值得效忠后，决定率守军向李自成投降。他写好约降信射到城下，相约大开东门迎接义军进城。

十月十一日，李自成起义军在里应外合之下，轻易突破了西安的高城深池，占领了古都西安。秦王朱存极被俘，陕西巡抚冯师孔、按察使黄炯被杀，布政使陆之祺等投降。义军立即着手安民，"下令不得妄杀一人，误者将吏偿其命"，迅速稳定了西安的局势。

到崇祯十六年（1643年）底，李自成派出的起义军连克陕西三边各重镇，把原先为明廷提供兵员武将的重要地区变成了义军的后方基地。至此，李自成占领的地方，已经包括了今天湖北省西部、河南省大部以及西北数省，军事上占据了绝对优势，明王朝已无招架之力。

军事力量强盛，控制区域广大，加之早先在湖北襄阳建立的中央政权也需要进一步加以巩固。李自成已经完全具备了登基称帝、建国改元的条件。

明崇祯十七年（1644年）正月初一日，李自成在西安建国，国号大顺，改元永昌。采取的措施大致可归纳为以下六点：

（一）改西安为"长安"，称"西京"，以明秦王府为宫殿。追尊其曾祖以下为皇帝，母吕氏为太后，册封高氏为皇后，陈氏为贵妃。颁布为李自成和他的父、祖避讳的规定："其一切文书避海、玉、光、明、印、受、自、务、忠、成等十字，不许用。"有的史籍还记载大顺政权曾经"造甲申伪历"，说明当时已经颁布了历法。

（二）封功臣以五等爵。权将军、制将军封侯；果毅将军、威武将军封伯、子、男。刘宗敏、田见秀、谷英、李过、刘芳亮、张鼐、袁宗第、刘国昌、刘世俊封侯爵；刘体纯、吴汝义、马世耀、李友、刘忠、陈永福、白广恩、王良智（即在西安投降的明将王根子）、陈荩等封伯爵；田虎（宁陵子）等30人封子爵；高一功（临朐男）等55人封男爵。

（三）更定官制。改内阁为天佑殿，设大学士平章军国事，以牛金星为之。宋献策为军师。中央行政机构为六政府，襄阳时期六政府各只设侍郎一人，此时增设尚书、侍郎，作为政府首长；属员改郎中为中郎，主事为从事。改翰林院为弘文馆，六科为谏议大夫，御史为直指使，尚宝寺为尚契司，太仆寺为验马寺，通政司为知政使。

由于大顺军占领区域广大，地方官增加了省一级，设节度使，相当于明朝的巡抚。不久后，又仿照明朝巡按御史的制度，在各省加派巡按直指使，代表中央司监督之责，如以明临汾知县刘达为陕西巡按直指使，介休知县李若星为山西巡按直指使。其他道、府、州、县相应设立防御使、府尹、州牧、县令等官，与襄阳时期相同。

与此同时，大顺政权收缴各地明朝印信，另行颁发新印。史籍记载，大顺政权"改印曰符、券、契、章凡四等"。上述官制基本上与明朝相同，只是偶有官职名称的变更。

（四）整编军队，加强训练。在军制上，定五营的名称为"中吉""左辅""右翼""前锋""后劲"；旗纛：前营黑色、后营黄色、左营白色、右营红色、中营青色。军职上仍设权将军、制将军、果毅将军、威武将军、都尉、掌旅、部总、哨总等官。李自成在西安曾大规模检阅军队操练兵马，"金鼓之声动地"，并规定"马兵越乱行列者处斩"，"所骑马腾入田苗者斩之"，以保护农业生产。

（五）在经济方面，继续坚持"三年免征"赋税的政策，还对明朝官绅实行"追赃助饷"，没收官僚钱财充作政府经费和军队粮饷。关中缙绅为了家族性命，不得不拿出金银财宝，犒劳大顺军。为了稳定物价，促进民间贸易，大顺政权废除了明朝崇祯年间官、私所铸小钱，开炉铸造永昌通宝。

（六）开科取士，网罗人才。由礼政府"设科目试士，宁绍先充考官，用《定鼎长安赋》为题，拔扶风举人张文熙为第一"，中试者授以府、州、县官。另让宏文馆学士李化麟等起草檄文，揭露崇祯皇帝及明朝廷的罪恶，为李自成"颂功德"，号召明朝统治下的诸郡县认清形势，及早归附。

大顺政权的建立，标志着农民军与明王朝之间力量对比的根本性变化，明末农民战争进入了彻底推翻明王朝的关键时期。大顺政权的建立，让饱受明廷赋役苛税之苦的广大贫苦百姓看到了希望，也使各阶层人士对李自成的大顺政权另眼相看，因而具有划时代的重大政治意义。但是从大顺政权建国时采取的各项施措来看，虽然其力图除旧布新，维护农民的利益，但也无法跳出明代旧有制度的老套路，且在很多方面都不得不沿袭明代的旧制度。

　　大顺政权建立不久，李自成便率军自韩城渡黄河进入山西境内，经太原、大同、宣府一路北上，直奔北京城。田见秀留守西安，皇后高氏与中央机构六政府的尚书也留在西安。因此即使在李自成进北京期间，西安仍然是大顺的两京之一。五月，北京被清军攻破后，西京再次成为大顺政权的唯一都城。到1645年正月清军攻占西安、李自成出走湖广为止，农民军控制西安共计一年零三个月的时间。

二、康熙皇帝西巡西安

　　康熙皇帝性喜巡游，对清廷税赋、漕粮的输出地江苏、浙江两省尤为重视，曾六次南巡江南。因此康熙皇帝下江南的故事在民间广为流传，至今还常被改编成影视作品，吸引着广大的影迷和电视观众。相比之下，康熙皇帝西巡的事迹，知道的人就不多了。

　　康熙皇帝曾两次来到陕西。第一次是在康熙三十六年（1697年）亲征噶尔丹时。二月初六日，康熙皇帝从京师出发，出塞至山西、陕西、宁夏，五月返回。第二次是康熙四十二年（1703年）十月十一日，康熙皇帝自京城出发，途径直隶、山西、陕西，沿途观览民风、考察吏治、检阅军队，最终抵达了此行的最终目的地西安。与康熙三十六年亲征噶尔丹时的仓促路过相比，后者的性质是西巡，准备更为充分，停留时间更长。

根据《清圣祖实录》的记载，康熙四十二年十月初五日，康熙帝提出了西巡的想法。他一直认为陕西控御西北，地理位置非常重要。恰逢陕西督抚以及河南、山西巡抚等人都力请西巡，因此康熙帝产生了趁冬季农闲间隙，到西北地区巡视一番的想法。十月十一日，康熙命皇太子胤礽、皇三子胤祉、皇十三子胤祥随驾西巡，当日启程。

十月二十一日，康熙一行进入山西。二十五日至太原府。十一月初四日，驻跸洪洞县，西安将军博霁、副都统佛济保、马云霄，川陕总督觉罗华显、陕西巡抚鄂海从西安赶到洪洞县迎接。十一日，西巡队伍至潼关。十三日，驻跸渭南县城西。十四日，驻跸临潼县温泉，遣官祭汉文帝陵。十五日，康熙一行抵达西安府，全城官兵、缙绅士庶跪迎，康熙随即驻跸西安城内。青海和硕亲王扎什巴图尔、鄂尔多斯多罗郡王董罗布、松阿喇布、多罗贝勒纳木扎尔额尔德尼、厄鲁特多罗贝勒巴图尔额尔克济农、喀尔喀台吉哈嘛尔戴青、青海台吉盆苏克等蒙古贵族早已得知康熙皇帝西巡的消息，纷纷赶赴西安朝觐。自十五日至二十一日，康熙皇帝一直驻跸西安城内，多次举行军事演习、演练，对军事技能优异的官兵给予了奖励，还颁布了减免陕西税赋的谕旨。二十二日，康熙自西安回銮，驻跸临潼县温泉。后由潼关出陕西，前往河南，于十二月十九日回到京师。

康熙皇帝在西安期间，曾数次检阅禁兵禁旅。十一月十六日和十七日，他接连两天率诸皇子驾临西安府满城八旗校场，不但让三位皇子与擅长射术的侍卫们比赛射箭，还亲自挽弓，为诸位皇子及大臣、侍卫做示范，弯弓二次，箭无虚发，皆中靶心，展现了皇帝本人对武功的重视，也体现了满洲人尚武的旧俗。继而又检阅了西安驻防官兵的弓箭比试，官兵们射箭都很精准，康熙甚为喜悦，并命人记下了优胜者的名单，给予赏赐，这为他赢得了驻守官兵的爱戴。但这两日的活动都只是为康熙此行的主要目的进行预热，检阅和慰劳西安驻防的八旗、汉军、绿营各部军队才是他此次西巡的主要目的。

十一月十八日，康熙驾临西安府城外校场，检阅了西安驻防满洲八旗、汉军及绿营官兵军容。观各军军容严整，操练有素，康熙圣心大悦，下令嘉奖官兵。

次日，蒙古各部王公贵族及各省地方大员前来朝觐。康熙于行宫前赐宴众臣，并第三次亲临八旗校场。此后两日，康熙每日驾临箭亭，"率诸皇子及善射侍卫等射，继令记名善射官兵射毕"。其间，康熙帝本人又"亲射五矢皆中"。尽兴之余，他也不忘传谕嘉奖陕西主政官员及西安驻防军官。

康熙在西安期间，曾多次谈及西巡西安的最重要目的就是阅兵。他说："朕为西土兵民生计，不辞地方遥远，冒涉严寒，躬行巡狩。见西安右翼旧兵效力行间，着有劳绩；防戍频仍，不记其数。人多带伤，其父与伯叔兄弟亲戚亦有阵亡者，朕心深切轸念。且皆循循奉法，骑射熟娴，军容整肃，朕甚嘉之。较之各省之兵允为超出，应大沛恩泽，以示朕不忘劳勤人员之意。"这里说西安右翼旧兵多伤，父伯兄弟多有阵亡，基本上都是在此前征讨蒙古噶尔丹的战争中伤亡的官兵，康熙来到西安检阅军队，也含有抚慰战争受难者的深层意义。

在西安期间，康熙对西安兵丁多有夸赞，甚至说："朕历巡江南、浙江、盛京、乌喇等处，未有能及西安兵丁者。尔处官兵俱娴礼节，重和睦，尚廉耻，且人材壮健，骑射精练，深可嘉尚，慎勿令其变易。"虽然多有溢美之词，不过也可以看成是对西安驻防八旗、绿营诸军战斗力的肯定与褒奖，并且希望他们保持良好的战斗能力，为国效力。

除检阅军队外，康熙也不忘收拢民心。十一月十七日，康熙帝在西安行宫下达圣谕，将陕西巡抚及甘肃巡抚所属各地康熙四十二年以前各项拖欠的赋税银两、草豆钱粮，全部予以免除。同时还宣布：如果到四十三年（1704年），直隶等省粮食都获得丰收，那么还可以免除陕西省康熙四十四年（1705年）的皇粮正供。他命令陕西督抚立即将上述命令传达下去，使得穷乡僻壤的小民百姓也可以感受到皇恩浩荡。又赐西安民九旬、八旬耆老银两，显示以孝为先的文化传统。

康熙帝在西巡途中接见了不少山、陕两省的著名学者，表达了自己的崇儒重道之情，同时表现了大清政权对儒家文化的认同。盩厔（今周至）人李颙，是清初著名学者和思想家、关学代表人物，学者称他为二曲先生。李颙与河南孙奇逢、浙江黄宗羲齐名，当时并称"三大名儒"。此前，朝廷知晓李颙学问深厚，曾多次征召他为官，他都以身体有疾婉拒。康熙帝驻跸西安期间，希望能够召见李颙。传召下达，李颙竟以死固辞，不愿前往西安觐见。康熙帝对此并未恼羞成怒，而是传谕陕西巡抚鄂海说："盩厔县处士李颙人好读书，明理学，屡征不出，朕甚嘉之。"又特意手书"操志清洁"匾额以赐赠。鄂海顺势阿谀道："皇上表扬寒微，西秦士子无不感颂也。"李颙虽然没有给康熙皇帝这个面子，但是康熙本人却把面子做得非常完美，既褒扬了李颙的学术水准，又借此机会让西安乃至全国读书人看到其爱惜贤才、心系儒学的治国方略，赢得了天下儒生士子之心，可谓一举多得。

除却检阅军队、收拢民心外，笼络蒙古贵族也是康熙西巡的一项重要内容。在康熙启程之前，青海及蒙古高原的蒙古贵族们已经得到了来西安觐见皇帝的旨意，所以各位蒙古贵族也是日夜兼程赶赴西安。康熙皇帝抵达西安时，青海和硕亲王扎什巴图尔、鄂尔多斯多罗郡王董罗布、松阿喇布、多罗贝勒纳木扎尔额尔德尼、厄鲁特多罗贝勒巴图尔额尔克济农、喀尔喀台吉哈嘛尔戴青、青海台吉盆苏克等大小蒙古贵族已经在西安等候多时了。

十一月十八日，康熙皇帝在西安府北校场检阅军队时，这些蒙古贵族也随驾观览，"窥见官兵整齐、队伍森严、甲胄鲜明，无不互相叹异"。其中有人启奏康熙皇帝说："臣等只知道朝廷禁兵精练，天下无敌，没想到外省的兵士也是一样的精炼勇猛。皇帝有这样的军队自然是万世太平，永享国祚。"康熙皇帝看到西安官兵的演练给蒙古贵族的内心带来了极大的震撼，威慑的作用已经达到，当日又为陕西官兵及蒙古诸王、贝勒、台吉等赐宴，对他们远道来朝以示嘉奖，并封达赖汗之弟青海台吉盆苏克为多罗贝勒，赐蒙古诸王、贝勒、台吉等缎匹银两。次日，又专门在行宫前宴请蒙古贵族及地方大臣官员。

蒙古贵族们还趁此良机对康熙皇帝进言，希望能在西安建造一所喇嘛教寺院。因为西安地近蒙、藏居住的西北，青海、西藏包括四川等地信奉喇嘛教的蒙藏贵族前往京师朝觐皇帝，都必须在西安中转，但西安没有礼佛场所，给这些喇嘛教信徒居住、讲经带来了不便。康熙听到蒙古贵族的请求之后，认为这是一件事关民族团结的大事，非常重视，因此在西安设立了陕西省唯一的喇嘛庙广仁寺，表达了对藏传佛教的尊重，它也成为西北和康藏一带大贵族、大喇嘛进京路过陕西时的行宫。广仁寺在康熙皇帝西巡之后建成，他还特意撰写了广仁寺碑文，记述建造寺庙的经过。

　　总之，康熙西巡，一举多得，成果丰硕。通过康熙在西安的一系列活动，可以看出清朝统治者对古城西安乃至整个陕西的重视。这也说明到康熙年间，西安彻底从明末和"三藩之乱"的战争阴云中走了出来，精神面貌焕然一新。

三、慈禧太后避难西安

　　康熙四十二年冬，康熙皇帝西巡至西安，是有备而来、满意而归，达到了检阅西安驻防部队、笼络百姓与读书人、安抚蒙古贵族等多项重要目的。但到了清光绪二十六年（1900年），八国联军打进北京，慈禧太后偕同光绪皇帝一路逃难来到西安，可就无法与当年康熙皇帝西巡的意气扬扬同日而语了。

　　中日甲午战争之后，北洋海军惨败、清廷被迫割地赔款。大清帝国居然被弹丸小国日本击败，这完全超出了清廷统治者的想象。亲政不久的光绪皇帝感到强邻威逼，必须变法维新，才能挽救国家危亡。在维新派的支持之下，光绪皇帝决定变法图强，史称"戊戌变法"。但光绪皇帝的政治改革方案，让保守派以及背后的实权人物慈禧太后感到了巨大的威胁，认为这是要夺取自己

144

手中的权力。在袁世凯等北洋实权人物的协助下，慈禧太后发动政变，将光绪皇帝幽禁在中南海瀛台之中，重新掌握了最高权力。戊戌变法失败之后，在英国、日本等国的帮助下，维新派首领康有为、梁启超等人逃脱清廷的追捕，纷纷逃亡海外。康有为在海外组织"保皇会"，对海外宣讲慈禧太后的倒行逆施，讲述光绪皇帝的仁德宽恕以及被囚禁的悲惨遭遇，这让慈禧太后特别不满，对西方各国充满了怨恨情绪。列强又反对慈禧太后议立新君，慈禧太后对列强更是恨之入骨，恨不得举全国之力向其宣战。

正在这时，山东等地民间组织义和拳（后称"义和团"）兴起，以"扶清灭洋"为口号，拳民号称神功盖世，设立堂口，教民练武，与一切外来事物为敌，仇视洋教，焚烧教堂，拆毁铁路，击杀洋人。清廷先是采取绞杀的方式，没想到义和团从山东一地转入直隶地区，在北京周边异常活跃。以载漪为首的保守顽固派认为民心可用，怂恿慈禧太后利用义和团的仇洋情绪满足一己私利。慈禧太后听说义和团团民刀枪不入、枪炮不伤，心里多少有点相信，加上自尊心屡受伤害，便想借此机会向西方列强宣战。义和团运动风起云涌，清廷听之任之。光绪二十六年，以英、美、法、德、俄、日、奥匈、意为首的八国组成了侵略联军，由英国海军中将西摩尔率领，一路由天津进犯北京。

慈禧太后这时才感到事态失去了控制，恐怕自己落入列强手中，想起当年随咸丰皇帝避难承德避暑山庄的往事，她决定再一次逃出京城。光绪二十六年七月二十一日，天还没亮，慈禧太后就偕同光绪皇帝等少数王公大臣仓皇逃离京城。据当时人的记述说，"复因仓猝出宫，太后仅穿蓝布夏衫，头尚未梳。皇上则仅穿黑纱长衫及黑布战裙两条而已。铺盖行李一切均不及随带出京，三日夜间只睡火炕，既无被褥，复无替换衣服。饭更无人进奉，只以小米粥充饥。狼狈情形，不堪言状。妃嫔及宫女等均未带出，太监虽有随驾者，然亦寥寥无几。诸王、贝勒等随扈者亦少"，护驾的军队只有"神机虎神营八旗练兵约亦千余人，马玉昆保驾各营弁兵约亦千余名"。由于慈禧太后一行人怕敌军追击，一路上不敢走大路，专挑小路赶路。结果因沿途商户也纷纷逃难，没办法购买食物、衣物，一路上风餐露宿，朝不保夕，狼狈到了极点。

慈禧太后同光绪皇帝一行人等自京城逃出，一路走直隶怀来县、宣化府，进入山西地界，到了太原，才稍感心安，吃穿住用问题才得以解决。但与此同时，八国联军西进的消息不断传来，慈禧已成惊弓之鸟，一听说"洋兵追来了"的传言就极为恐惧。慈禧太后虽然接连颁布谕旨，要求山西做好抵御追兵的部署，但是她对清军的实力多少有点自知之明，生怕八国联军一路追赶，抓住了她这个"罪魁祸首"。因此，她在到达太原之前，就曾私下对跟随逃难的王公大臣表露出到西安避难的打算。在太原时，慈禧太后又以光绪皇帝的名义向陕西巡抚端方发布谕旨："朕恭奉慈銮于十七日安抵太原。何日西巡，尚未定期。唯该省应行预备一切，固不可过事铺张，亦不可误听讹言，稍存观望，致一旦乘舆西巡，诸事转行仓促。"又说："朕恭奉慈舆暂行巡幸太原……本非久计，长安为自古帝王州，山川四塞，雄据上游。着端方审度情势，于西安府城，酌备驻跸之所。"可见这时候慈禧太后已经将西安定为"西巡"的目的地。

慈禧太后逃难西安的主意遭到以朝中大臣奕劻、地方大员李鸿章为首的东南等地总督与巡抚们的坚决反对，他们一致认为"偏安必不可成，京师必不可弃"，屡次恳请慈禧太后打消西巡西安的打算。但是已成惊弓之鸟的慈禧太后已经顾不了这许多了，完全不理会大臣的规劝，一意孤行，一定要西狩西安不可。军机大臣鹿传霖最善于揣摩慈禧的心意，为了邀宠，鹿传霖对慈禧说：关中是"重关百二，天险可凭"，两宫前往陕西避难，再合适也没有了。又陈说："北京万分危险，西安去海遥远，洋兵万不能到，进退战守，无不皆宜。"太后得到鹿传霖的奏报，大喜过望，随即下诏定期启程赶往西安。

光绪二十六年闰八月初八日（1900年10月1日），慈禧一行从太原启銮；八月二十六日（10月19日）到达潼关，进入陕西境内；九月初四日（10月26日）到达西安。自此至次年八月二十四日（1901年10月6日）启銮回京，慈禧一行开始了在陕西362天的流亡统治，在西安行在驻跸共计347天。

光绪二十六年九月初四日，慈禧、光绪的銮舆到达西安，"由长乐门大路直抵北院行宫。御道甚长，皆用黄土铺垫。各商铺皆悬灯结彩，居民等更跪迎道左，均欲仰瞻圣容。皇上命扈从等，毋许驱逐。皇太后更赏赐耆民银牌甚多。御驾抵北院后，办事大臣亦各纷纷随至。并经派定侍卫二百五十人，日夜轮班，在大门二门站防值宿。自是圣心为之稍安"。但由于陕西正逢旱灾荒年，西安哀鸿遍地，民不聊生，所以慈禧也有所节俭，"所有御用衣服，概以大布为之。诸王大臣等仰体俭德，不敢稍涉奢侈，遂亦一律穿用布袍"。

不过慈禧、光绪毕竟是皇家气派，吃穿用度自然不会少。在慈禧到达西安前夕，陕西为了支应皇差，特设支应局，派西安知府胡延为提调，另有候补府县官七八人为行宫听差委员，专办宫内一切琐碎事务，并赶修总督署为行宫，门柱改朱漆，牌坊画以云龙。但慈禧驾到后，还嫌其太小，又改住抚署。于是又强拆民房，大兴土木，招能工巧匠，雕梁画栋，重又装饰。

支应局总办胡延回忆说，两宫在长安"力崇节俭"，"行宫之茶膳，月需三四千金，厨房百余人茶饭，皆在此数。每晨支应局进生菜，悉依传单购备，鸡三四只、猪肉十余斤而已。如膳房添进时鲜，或多用鸡肉，则在内司房领价，不得于支应局常供有所增益"。御膳房也仿照清宫御膳的格局，分荤局、素局、菜局、饭局、茶局、酪局、粥局、点心局等等。每局设厨师数十人不等，另有一个太监专司其事。"仅太后皇上御膳费一项，每日约二百余两银。"慈禧冬天喜欢喝牛奶，支应局跑遍关中，搜购乳牛七八头，养在宫内，谓之"御牛"。每月需银600两，另辟有牧牛苑，任官正五品官阶。夏天，慈禧要喝冰镇酸梅汤，西安天气炎热，没有存冰，便命地方官派百姓用大车从百里以外的太白山拉冰。支应局自八月二十四日开局，未及一月，即耗库平银29万余两，驻跸一年，"行在所费，达一千数百万之巨"。慈禧对这些花费并不以为意，还说"向来在京，膳费何止数倍，今可谓省用"。这所谓的节约已经是一笔庞大的金额了，可以想见慈禧、光绪这些清廷统治者在京时的穷奢极欲。

不过，慈禧等人在衣着方面较为俭朴。两宫自京城逃出时，根本无暇携带大量衣物，以至于到西安行在，衣服依然紧缺。各地的贡献多以食物为主，很少贡献衣服。这主要是因皇家衣物的采办有着严格的等级规定，只有像江宁织造府这样的皇家制衣单位才有资格置办皇族衣物，其他各地当然也制作不了这些东西。为了解决衣着问题，慈禧除了命人由京城陆续将两宫衣服带往西安之外，还简略添置了一些衣服。胡延等人也分别购买了纱罗数十匹进呈慈禧，湖北贡局的织布、苏州贡绸缎等陆续运至西安，才解决了两宫次年的夏装问题。虽然说不上节俭，但奢华之风与在京时是不能相比的。

就在两宫銮舆西幸长安之时，陕西正在经历一场惨绝人寰的大旱灾，"西安饥荒，以西北为甚，正二月来，无日不求雨，赤地千里"，历史上称其为"庚子大旱"。饥饿无处谋生的贫民开始大量涌入西安城内，社会动荡不安；而慈禧、光绪的吃穿用度对西安城来说，无疑更是雪上加霜。于是，慈禧下诏蠲免沿途经过陕西州县的钱粮，还在陕西发起了较有成效的赈灾行动。

慈禧先是派专员赴太白山祈雨，其中陕西巡抚岑春煊去了三次；还命岑春煊派员前往太白山取水，设坛虔诚祈祷，"以期渥沛甘霖，用慰农望"；后来又去太白山还愿立碑，"用答神庥"。慈禧还亲自在宫中祈雨，供奉着太白山的水，以祈甘霖，以至"宫中日夜袅炉烟"。

祈雨的同时，慈禧还下令开办粥厂，将往年惯例开办粥厂的时间提早了一个月，并且多设粥厂，以缓饥民情状。但是因为灾情严重、物价飞涨，人民生活仍是极其困苦，"西安食物昂贵，面至八十文一斤，米亦六两余一石，炭每斤至二十六七文"。随着各"协济"省份漕粮陆续到达西安，为了抑制物价、管理赈粮，在岑春煊的建议下，还开设了平粜局，设置了取暖的场所，供饥民避寒之用。

慈禧还令行在户部拨银40万两，作为赈济资金，"前经降旨，于本月初一日提前开办粥厂，唯被灾各署，饥民众多，待赈孔亟，加恩着发银四十万两，由行在户部拨给"。据学者统计，虽然户部为陕西赈济前后拨款共计5次，总数有170万余两，但是陕西"以百万人，日给五合、通赈半年计之，需粮十九万石，以踊贵之价，加以运费，非银八九百万不办"。这与灾民的需求形成了强烈的反差，无异于杯水车薪。

尤其是慈禧及各级官员以筹集赈灾钱粮为幌子，大开卖官鬻爵的方便之门，"开办实官捐输"，只要官员花钱买官，就可以得到官职或荣誉头衔。一时之间，西安成了全国卖官买官的竞价之地，乌烟瘴气，高级官员、太监借此中饱私囊。

光绪二十六年十一月，慈禧在西安谕令开秦晋两省实官捐输，分级别、等级，以钱买官。"以捐饷万金，赏四川合江县道员陈光弼头品顶戴"；"以报效巨款，予四川培州知州张九章以道员补用"；"以捐助巨款，予四川合江县监生陈时济以郎中分部行走"；"以捐款助赈，予安徽凤阳府知府冯煦以道员简放，加二品顶戴"；"以捐助赈款，赏候选郎中李松寿四品卿衔"；"以捐赈巨万，赏福建在籍刑部郎中陈纲四品卿衔"；"以捐助陕赈巨万，予詹事府主簿赵元中之子训导葆坪以知府分省补用"；"以捐赈万两，予候选道渠本翘以道员分省尽先不用，并加赏三品顶戴"……这些捐输银两，确实有大部分用于陕西旱灾救济，但也有很多流入慈禧私人的金库里。

与此同时，即便是了解西安乃至陕西大旱的灾情，慈禧的豪奢之风也并未改变，对地方上的祸害也是极为严重的。光绪二十六年十月十九日，两宫銮舆渡黄河，"御舟二只均以锦绣饰之"，工费银达1.4万余两。按清室皇家规章，皇帝或皇后出宫，沿途所经之地，必须用清水洒街，黄土垫道，谓之"御路"。他们要经过的华阴县东西长达百余里，该县官吏强迫全县农民，不分昼夜，如法赶办，稍有不合，便鞭打绳拴。次年，慈禧动了要去华山游览的心思，为了支应两宫上华山游览，地方官员大肆装点玉女峰，为慈禧和光绪制作的两张御床，皆以檀木为架，精雕细刻，四围均装上双层玻璃，内注清水，水里养着五色金鱼、水草之类。后因慈禧嫌天气太热，取消了行程。地方官员的谄媚之能事才告一段落，老百姓才得以喘息。

光绪二十七年（1901年）九月，《辛丑条约》签订后，慈禧应列强要求，于十月六日由西安起程回京。为营造西安城内的"盛世"景象，满足銮舆沿途的享受，沿途道路除铺黄沙外，30里设一行宫，所过村镇，"两旁店铺，更结彩悬灯，设立香案，以糖果饼饵其上"，供扈从人员随时享用。"车驾全临潼，临潼令夏良才以供应获谴，于是郡县承风，各除道，缮治宫室，设厨传，修寺观神祠以待幸，作者数万人，费亦各数十巨万，大兴兵卫，道死者相望……一驿之费，几五万金。"

慈禧及其流亡政府中的官僚聚敛了大量财富。回京时，仅慈禧的行李车，就"预备三千辆，金银、绸缎、古董、玩器，尚不胜载"。原先仓皇逃出京城时，慈禧一行身边没有多少宫女、太监，等到辛丑回銮时，随扈人员不仅规模大为增加，而且规整划一，军机处、各部院京堂、各衙门派出的随扈人员等登记在册的官员至少340人，加上亲属、内侍、随扈保卫、搬运货物的人员，规模之大可想而知。慈禧太后、光绪皇帝在西安期间，给西安乃至全省百姓带来了大量的劳役和负担，给陕西、西安各级官员则带来了与清廷统治者来往的便利。各级官员奉迎支应唯恐不及，千方百计满足慈禧奢靡生活的需要。慈禧在西安时及离开之后，不少陕西省及西安府官员得以加官晋爵。但由于《辛丑条约》的赔款数额巨大，陕西省也分担了其中的一部分，加上关中地区灾害严重，百姓的生活更是雪上加霜。

长安在历史上是一个宗教文化繁盛的大都会。明清时期的西安仍是如此，佛教、道教、伊斯兰教与天主教齐聚西安城中，出现了各宗教信仰多元和谐发展的新局面。

明清西安的佛教寺庙多沿袭隋唐时期的皇家寺庙，如大雁塔所在地慈恩寺、小雁塔所在地荐福寺。城隍信仰属于中国传统道教信仰的一部分，城隍神是西安城的守护神。西安城隍庙兴建于明朝初年，这与朱元璋大力遵奉城隍信仰关系密切。西安城内伊斯兰教的信徒以回族民众为主体，他们在清真寺周围聚居，久而久之形成了著名的民俗风情街——回坊。明朝末年，天主教著名教士金尼阁、汤若望来到西安传播福音，到清朝初年陕西已成为天主教在中国传播的重要区域。入清之后，康熙皇帝为了笼络蒙古贵族，安定西部边疆，在西安城内兴建藏传佛教寺庙广仁寺，作为蒙藏上层人士往来内地、礼佛休息的宗教场所。各种宗教都有其忠实信众，多元宗教信仰和谐共生，既体现了西安开放包容的精神风貌，也凸显了明清西安作为宗教中心的历史地位。

第八章　半城烟火半城仙

——明清西安多元宗教信仰

一、雁塔神合：地震中的小雁塔

　　唐长安城内有两座知名的宝塔，一座是位于长安城东南方向的大雁塔，一座是位于长安城中轴线朱雀大街东侧的小雁塔。小雁塔始建于唐中宗景龙年间，是为存放唐代高僧义净从天竺带回来的佛教经卷、佛教画像等宝物而修建的。为了与之前兴建的雁塔进行区别，慈恩寺塔被称为"大雁塔"，而这座宝塔因为与大雁塔相像，被称为"小雁塔"。又因为小雁塔所在地是荐福寺的一部分，故又名为"荐福寺塔"。唐朝末年，朱温强迫唐昭宗迁都洛阳，将长安城拆毁。慈恩寺与荐福寺也在这一过程中被毁，只有大小雁塔得以保存下来。此后两座雁塔成为长安悠久历史的见证、大唐王朝宽广包容的象征。

　　唐昭宗天祐元年（904年），唐朝迁都洛阳之后，朱温任用韩建为佑国军节度使，驻守长安。当时的长安城经历唐末农民起义与战争的打击，城墙早已毁坏不堪，不利于防守。韩建下令在长安城皇城的基础上重新建造新城，史称"韩建新城"。因为新城放弃了宫城、外郭城两大部分，仅以原来的皇城作为基础，所以新城的面积仅有唐代长安城的十六分之一，一代帝都从此衰落下来。原先位于长安城内的大雁塔、小雁塔，也变成了城墙外两座孤立的宝塔了。这一格局至明清时期仍然如此。

明、清两朝对荐福寺和小雁塔进行过多次修缮。明代曾有五次大规模的整修，基本上保留原有的格局。明宣宗宣德元年（1426年），陕西西宁卫弘觉寺番僧勺思吉蒙钦锡度牒，到荐福寺驻锡，见这里殿堂荒废，遂发愿重修。明英宗正统十四年（1449年）大修竣工后，其向朝廷乞赐寺名，"敕赐荐福寺"匾额就是明英宗的御笔。

唐代，在长安考取进士的学子们都要攀登大雁塔，在塔下题写姓名，世称"雁塔题名"，寓意着高中金榜、跃登龙门。到了明清时期，每隔三年都要在省城西安举行乡试，凡是本省生员与监生、荫生、贡生人等，经科考合格者均可参加乡试。每逢地支中的子、午、卯、酉年为正科，考试时间定在八月。考中者成为"举人"，第一名为"解元"。这些考中的举人原则上即获得了朝廷选官的资格。凡是考中者均可参加来年在京城举行的会试。在西安参加乡试的举人，仿效唐代进士在大雁塔题名的习俗，纷纷前往大雁塔刻石留名。

乡试都是读书人的文科考试，与之相对应的则是武举。明代的武举创制甚早，但是制度最终确定下来则是到了成化十四年（1478年），根据文科的考试办法，设武科乡试。弘治六年（1493年），定武科六年一试。考试内容分为两个部分：第一项是考策略，也就是考专业基础知识；第二项是比试弓马。但如果文化课策略不合格就不能进行弓马比试。后来又将武举考试改为三年一次，考试内容仍以策试与马步弓箭为主。在西安举行的武举考试，一旦中举，本省武举人也叫仿效文科举人题写姓名，以志不朽。不过大雁塔肯定是去不得了，所以武举人都选择前往小雁塔，刻石留名，形成了"小雁塔武举题名"的风气。

以上所说的情况，基本上仍然属于佛教信仰的一部分——最终能在大小雁塔题名的考生们在乡试之前，都曾前往慈恩寺或荐福寺进行焚香祷告之类的宗教活动，希望能够得到佛祖的保佑。一旦中举，便会返回寺庙还愿、留下题名，对寺庙进行布施，寺院也借此良机收获了不少香火钱。小雁塔底层南北两门门楣是青石质地，门楣上原本绘有唐代线刻画，内容主要是供养天人和祥云、蔓草、迦陵频伽等佛教装饰图画。明代人却在这些珍贵的线刻画上题名留言，可见国人"到此一游"的风气由来已久，门楣变成了明代人"乱涂乱画"的地方。从保护文物的角度来看，这实在是对唐代珍贵文物的破坏，不仅不值得提倡，更值得我们当代人警醒。

但是明代的题记也留下了非常重要的历史信息。据学者统计，小雁塔明代题记共有31处，题材主要是游记，兼有纪事，这些题记可谓明代文人雅士、政要官员游览小雁塔的历史见证。其中最为知名的就是王鹤的题记，其中就明确记录了"雁塔神合"的历史。王鹤题记在小雁塔北门楣正面，题记云："荐福寺塔肇自唐，历宋、元二代，我明成化末长安地震，塔自顶至足，中裂尺许。明彻若窗牖，行人往往见之。正德末，地再震，塔一夕如故，若有神比合之者。嘉靖辛亥，余以先孺人艰解官东省，居僧舍，僧湛馨言其事，余闻而异之，遂记。时菊月上旬也。九月薇田王鹤书。"

题记的作者王鹤，字子皋，号薇田，陕西长安县（今长安区）人。嘉靖二十三年（1544年）进士。初任行人，奉使出访朝鲜。后来历任工、户、刑、吏、兵五科给事中及太常寺少卿提督四夷馆、大理寺左少卿、南京太仆寺卿、太仆寺卿，官至应天府府尹。王鹤在题记中首先追溯了小雁塔的建造历史，随后就记录了明朝成化末年的地震，造成小雁塔自塔顶至底层的贯穿伤，塔身从中间裂开一尺有余的事。王鹤形容这一裂缝清楚透亮，跟打开窗户一样，可见开裂程度之严重，路过此地的行人都见到了小雁塔被地震破坏的场面。但是在正德末年的地震中，小雁塔的裂缝重新弥合了，塔看起来跟原先一模一样，好像没有受到什么破坏似的。当时的人就把小雁塔裂而复合称作"雁塔神合"，认为这是神佛庇佑的结果。嘉靖辛亥（1551年），王鹤因为母亲去世，辞官回乡守丧，在小雁塔听到湛馨和尚言说此事，也认为非常神异，便在小雁塔底层北门门楣外题写了这段文字。

以现代人的科学知识分析，"雁塔神合"必然不是神佛庇佑的结果，而是两次地震的震级、振幅不同，小雁塔地下特殊的地质构造与建塔时高超的建筑工艺等多方面因素才共同造成小雁塔塔身分而复合。在嘉靖三十五年十二月十二日（1556年1月23日）的关中大地震中，小雁塔塔顶两层被震塌，现在我们只能见到缺失了塔顶、仅存13层的小雁塔了，这也说明不存在"神合"的可能性。小雁塔在明代屡次遭遇强震，却能裂而不倒，这实在是我国古代工匠高超建筑智慧的体现。1965年，国家组织技术工程人员对小雁塔进行修复施工时，又进一步发现小雁塔不是"神合"，而是"人合"。塔身裂缝之所以能够重新弥合，主要是由于小雁塔塔基的构造极为特殊。研究发现，小雁塔的塔基是由夯土构筑成的半球体，当地震到来时，这样的塔基结构能够以类似"不倒翁"的受力原理均匀地分散巨大的压力，从而使塔身的抗震性能极大地提高，才能使小雁塔在1000多年的漫长岁月中历经多次地震而仍然屹立不倒，这充分证明了古代建筑工匠们的高超技艺。不过，尽管"雁塔神合"并非超自然的灵异事件，这个神奇的传说也给小雁塔的历史蒙上了一层神秘面纱，增加了无尽的意趣。

二、广仁寺：怀柔蒙、藏的喇嘛寺

　　广仁寺位于西安城内西北隅，东、北两侧院墙均与城墙平行，寺院南门外的小街名叫"习武园"，东门外是广仁寺路。广仁寺是陕西省内唯一的藏传佛寺，有"汉地雪莲"的美誉。该寺始建于清康熙四十四年（1705年），见证了西安城从清初至今的300余年历史。

　　清康熙四十二年（1703年），皇帝西巡，驻跸西安，此行的主要目的之一就是召见蒙古贵族，并加以笼络，以安定西部边疆。在此期间，康熙帝对蒙古贵族进行了封爵、赐宴、钦赐绸缎银两等一系列活动，并请蒙古贵族观看驻地八旗、绿营军兵演练弓马，也是为了起到震慑人心的作用。

　　蒙古族信仰藏传佛教。在西安城内没有藏传佛教寺院的情况下，建寺无疑是表示恩赏的上佳方式。康熙皇帝在离开西安之时，就下诏在北校场西北隅建立藏传佛教寺院。此举不仅更好地笼络了蒙古各部人心，同时也弘扬了藏传佛教，更在客观上促进了各民族之间的往来，为巩固清朝的统一大业起到了良好作用。在此之后的几年间，康熙皇帝对广仁寺的情况持续关注，为广仁寺题写庙名、赠送匾额、选派主持喇嘛，并且亲自撰写广仁寺碑，又派遣工匠前往广仁寺刻写碑文。这都说明康熙皇帝对广仁寺的高度重视，以及对西安的眷顾。

康熙四十三年（1704年）五月十三日，西安将军博霁等人向康熙皇帝报告寺庙的修建情况。博霁在奏折中一面感谢朝廷拨付银两营建大庙，一面又提到大庙还没有正式命名，还请康熙皇帝赐予庙名。康熙皇帝得知喇嘛寺修建完工，非常高兴，题写了庙名"广仁寺"，并为广仁寺主殿题写了"慈云西荫"匾额。博霁收到皇帝御笔之后，立刻派人雕刻匾额，分别悬挂在相应位置。

康熙皇帝巡视西安时，曾到开元寺礼佛，对诺特哈达剌额赫佛的造像赞誉有加。博霁等人为表示对皇帝的尊崇，便在康熙四十三年正月十一日，将该佛像移到尚在建设中的广仁寺供奉。广仁寺建成之后，举行了盛大的法会。据博霁奏报，当时的场景可谓盛况空前，"时西安满汉文武大小官员、兵丁、通城士民等皆齐集，纷纷拈香叩头，不胜欢悦，言皇上临幸西安，遍赏天恩，且建此大庙，未令民出一力，赏赐库银，为国民照内地式样建美庙"。奏报显然有夸张、献媚的成分，不过也说明当时广仁寺建成之后，西安城内官员、百姓前往观看典礼的盛大场面。

康熙四十四年五月初九日，陕西巡抚鄂海给康熙帝上请安奏折。康熙帝在朱批中谈及广仁寺的喇嘛问题，他写道："至于住寺喇嘛等，着尔等细选毕，书折奏来。"要求鄂海等人仔细挑选大德高僧，担任广仁寺住持喇嘛。六月十一日，鄂海回复康熙皇帝说："新建寺（指广仁寺）内诸喇嘛，奴才会同总督博霁细密访查，于西安城内虽有喇嘛，但未有忠厚老实者。此外在别处之喇嘛，奴才我二人又不得熟知，若蒙皇帝矜念，祈请选送。为此谨奏请旨。"康熙皇帝为郑重其事，决定亲自挑选合适人选，所以回复鄂海说："选后打发去。"八月十九日，康熙皇帝告知鄂海，人选已经确定了，而且这名喇嘛就在西安城内，"在新建寺内，朕观之在西安白喇木札木巴似乎可以。这人何如？着尔等问明奏来"。鄂海得到消息，立刻召见了白喇木札木巴。发现他长相美俊，既知虔诚礼佛，又熟悉佛教经书，诵经也是非常出色，是担任住寺喇嘛的不二人选，不得不佩服康熙皇帝有识人之明。另外，鄂海又在西安众喇嘛之中选择诵经优异者15人，一并迁入广仁寺，令他们每日诵经，以感谢皇帝的殊恩。康熙皇帝得知后，对此安排非常满意。

广仁寺是奉康熙皇帝的旨意建造的，按照惯例，完工之后必然要立纪事碑，说明修建广仁寺的缘由、经过以及重要意义。康熙皇帝决定亲自撰写广仁寺碑文。为此，康熙皇帝还命令鄂海将广仁寺"碑之大小、式样"，一并禀报上来，以决定书写字体的大小、各行文字之间的距离。这些细节既体现了康熙帝事无巨细的办事风格，也再次说明他对广仁寺的记挂之情。康熙四十四年十一月初一日，碑文写好之后，康熙皇帝又告诉鄂海，碑文已经写好，但由于"冬季寒冷，笔墨不畅，所以字很不好。在尔等处有雕刻匠则已，无则来年天暖后，视尔等带来，要派雕刻手去"。一方面谦虚自己的字写得不好，另一方面又高度重视，亲自派出刻碑工匠来到西安，为《广仁寺碑记》刊刻上石。半个月后，鄂海的亲眷携皇帝御书的碑文抵达西安，川陕总督博霁、陕西巡抚鄂海亲率本地官员至城外迎接，望阙谢恩。

为保证刊刻《广仁寺碑记》的皇家水准，次年（1706年）正月，康熙帝特派刊刻巧匠梅玉峰前往西安。二月十六日，博霁与鄂海上奏，言道此前每逢皇帝生辰，二人都要在西安城内的大寺庙中亲自焚香诵经七日。待到广仁寺落成，万岁圣诞，都在广仁寺诵经。本年三月，康熙生辰之时，大喇嘛白喇木扎木巴希望前往京师朝觐。博霁与鄂海多方挽留，请其在广仁寺率领众喇嘛为皇帝诵经祈福，但白喇木扎木巴在诵经活动结束

广仁寺内佛像

之后，一定要前往京城叩谢皇恩，不知可否进京，请皇帝训旨。康熙皇帝下旨："可以让白喇木扎木巴到京城来朝觐皇帝。并且可升为扎萨克喇嘛。"并令博霁转告白喇木扎木巴。

八月十六日，鄂海上奏称梅玉峰"镌碑工竣，而文武满汉官员及闲员、生员、百姓齐集，争相观看毕，俱皆赞颂：从未见古帝王书写似此遒劲之字，即王羲之等名者书字亦不及皇帝御笔之万一。御书碑文，圣意深邃，字字遒劲之极，真二庙增辉，神人皆喜悦"，并请求雕刻的文字匠人梅玉峰多留时日，以便修理补缺。鄂海的奏报当然是为了讨康熙皇帝的欢心，借着百姓之口，夸赞康熙帝的书法水准高超，王羲之尚不足其万一。这实在是吹捧得有些夸张了。

广仁寺之后的日常运营费用以及寺内喇嘛的生活用度，经鄂海与博霁商议，拟用建寺剩余的款项购买田地，雇人耕种，每年可以收取田租，作为广仁寺田产，以为长久之计。如果有不足之处，陕西省及西安府各级衙门也可以接济。康熙皇帝对鄂海等人的办法十分满意，朱批说："尔等所议甚为周到，司、道各官周济着即停止，余依议。"由上述事件可以看出康熙皇帝对广仁寺异乎寻常的重视程度，大事小情全程指挥，而且每每事必躬亲。康熙皇帝这样耗费心力，当然不仅仅是为了修建一座寺庙。他在《御制广仁寺碑》中一方面讲述了西巡西安的原因与事迹，另一方面则谈到了佛教的"利济之道"与朝廷希望长治久安的思想"旨有同规"，因此，建造广仁寺旨在"顾念久安长治，务在因俗宜民"。可见康熙皇帝对广仁寺寄予厚望，期望它能够寄托民众信仰，弘扬藏传佛教，团结满族、藏族、蒙古族、上护国家，下佑百姓，为朝廷经略西北、维护国家统一做出贡献。

由于具备皇家背景和深远的政治意义，广仁寺建成后，一直香火鼎盛，朝廷也定期拨款修葺。雍正年间，广仁寺喇嘛能定期收到西安府长安县、咸宁县的田租银两，作为基本生活与元旦香火之用。此外，广仁寺中现存《广仁寺寺志略记》一碑，碑文中记载，乾隆年间，皇帝还钦赐"佛教圣地"匾额一方。与清朝国运走势相似，同治以后，广仁寺的发展经历了许多坎坷。同治元年（1862年）四月，华州发生了"圣山砍竹事件"，陕西回民起义由此爆发。五月中旬，起义军进攻西安城。广仁寺处于城内西北角，而当时的主要战场恰在西安城的西关、北关。寺院附近的习武园原本就是校场所在地，驻扎在此地的绿营兵也是起义军的重点攻击对象，广仁寺难免为战火波及，部分建筑遭受损毁。同治八年（1869年），在左宗棠的强力肃清下，关中地区才恢复秩序，但田园荒芜、经济萧条的状况，直到光绪年间仍然难以改变。在此条件下，广仁寺虽得以重建，但在人力、财力、物力匮乏的情况下，根本无法按旧制复原。直到光绪二十六年（1900年），慈禧太后和光绪皇帝避难西安期间，广仁寺才重新得到大规模的维修，并赐匾"法相庄严"。广仁寺也因为慈禧太后、光绪皇帝的驾临，一直位于西安诸寺之首。

另外值得一提的是，广仁寺建成之后不久，又有东关喇嘛庙、北郊胜严寺以及终南山嘉五台喇嘛洞等并入广仁寺管理，成为广仁寺的别院。其中胜严寺较为知名，胜严寺原名"敦煌寺"，位于汉长安城遗址宣平门外。该寺始建于西晋永康元年（300年），当时有竺法护（敦煌菩萨）在此寺内翻译《正法华经》，圆寂后在寺中建塔安葬。清初曾重修此塔，现在还保存有一座砖表土心的六角七级楼阁式砖塔。广仁寺建成之时，胜严寺也由藏传佛教的喇嘛主持，主事喇嘛名为尚色巴。不仅因为教派相同、"声气相关"，而且胜严寺在西安城外北郊有大量田地，遂被纳入广仁寺的管辖之下。清光绪二十年（1894年）四月，广仁寺僧王恩铭还特意将这段历史刊刻成《胜严寺并入广仁寺管理记碑》，明确两寺的上下级关系。这块碑至今保存在广仁寺内，成为这段历史的见证。

三、西安都城隍庙

"城隍"原本是"城"与"隍"的合称，城是指城墙，隍则指没有水的护城壕。《说文解字》里就记载："隍，城池也，有水曰池，无水曰隍。"此后"城隍"并称，指城墙与护城河，泛指城池。最初意义上的城隍是人工的产物，并不具有生命力，更没有什么神力。不过，因为城隍具有保护城内居民生命财产安全的作用，年深日久，民间便认为城隍具有某些神性。在南北朝时期，就已经出现了城隍信仰，认为城隍是守护城池的神灵。此后历代王朝都有祭祀。

明太祖朱元璋是城隍信仰的大力支持者与最高倡导者。他认为人间有儒家礼乐文明，阴间有城隍统治鬼神。洪武二年正月，朱元璋下令大封京城及天下城隍神，将京城、老家临濠等五处发迹之地的城隍神，分别封以王号；其余各府州县的城隍也有名号、品级。府一级城隍被封为"鉴察司民城隍威灵公"，为正二品官。在朱元璋的大力提倡之下，各地广建城隍庙。城隍神的权力也不断扩大，护国安邦、调和风雨、铲凶除魔、拘捕亡魂等等，都在城隍神的管辖范围之内。更为重要的是，城隍可以保境安民，是一方的守护神，所以每逢官员到任，都须按例到城隍庙前行礼祭拜，这才能走马上任。可见城隍信仰在民间信仰中的意义，对政治生活也发挥了重要的影响。

西安城隍庙始建于明朝初年，位于东门九曜街，至明宣德年间迁至现址。明嘉靖《陕西通志》中的《陕西省城图》就明确标注了城隍庙的位置。清雍正元年（1723年），西安城隍庙因火灾被焚毁。川陕总督年羹尧下令拆毁明代秦王府，将拆除下来的建筑构件用于重建城隍庙，才有了现在西安城隍庙的规模。重修后的城隍庙"规模宏大，栋宇崇宏，雄伟壮观，甲于关中"，因此才有"都城隍庙"之名。

一个"都"字显示出西安城隍庙的与众不同之处。"都"的意思是大的、总的。简而言之，西安城隍庙是一座独具权威的总城隍庙。关于这一名称的由来，有两种说法：一种出自官方记录。据乾隆《西安府志》记载，清朝初年，在西安省城周边兴建了三座小城隍庙：一座在河池寨，距西安城25里，修建于顺治十三年（1656年）；一座在唐家寨，距城20里，康熙十八年（1679年）建；一座在王曲镇，距城30里，以满足西安城外老百姓的祈福祷告所需。这三座城隍庙都属于西安城隍庙的外派机构，因此西安城内的老城隍庙也就是总城隍庙了，故名"都城隍庙"。另一种说法则来自民间传说，认为西安城隍庙与北京和南京的城隍庙并称天下三大都城隍庙。城隍庙的级别可分为都、府、州、县四个等级，都城隍庙是最高级别。因此，西安都城隍庙就是统管西北数省大小城隍的总城隍庙。相比于官方记载，民间传说更具吸引力，这也是普通百姓对西安城隍虔诚信仰的表现。

历史上西安城隍庙属于来自南方正一道派的净明道，住观道士的法裔传续也多为居家修道者。兴旺的民间祭祀活动给城隍庙及其周边地区带来很大的人气和商机，环绕城隍庙的商业店铺群的形成使其逐渐成为西北五省的商品集散地，堪称西北历史上延续至今的最早的商场，被西安居民视为西安的"城中城"。民间俗称西安府都城隍庙"方圆九里三"，总面积约为17亩。清雍正年间重建以后，总体格局分为庙宇与道院两大部分，正中为庙宇，道士居住的道院分布在东、西两侧。城隍庙庙门朝南，正对西大街，门前临街竖立一座高大的木质牌坊，左、右各有一只铁狮子。进入庙门，正道通向前后各进庙院，侧道分别进入东、西两侧的道院。最后一进是大殿，面阔七间，还保持着雍正年间年羹尧重建时的原貌。庙院东、西两庑分别为配殿和厢房，东配殿是火神殿，西配殿是圣母殿。庙院中央偏南为戏楼，名为"乐舞楼"，用于每年城隍出巡时表演戏剧，以达到取悦城隍神的目的。在乐舞楼与大殿之间还有一座高大的木质牌坊，据说该牌坊雕刻工艺精美、气质隽秀。庙院之外，东西两侧的道院有24座之多，称为二十四宫，如蓬莱宫、新开宫、迎镇宫、太和宫、游龙宫、复圣宫等等。各宫之中都有道士居住，为讲经说道的场所，这些道士还擅长鼓乐。西安鼓乐保存了唐宋以来的宫廷音乐风貌，被誉为中国古代音乐的活化石，因其世代相传，造诣非凡，曾在明清社会生活中扮演着重要的角色。

四、回坊清真寺与郑和下西洋

伊斯兰教是信奉安拉为宇宙独一的最高主宰的宗教。在中国，回族民众是伊斯兰教的主要信奉者，因此伊斯兰教旧称"回教"。伊斯兰教是安拉的使者穆罕默德根据安拉的启示，于7世纪上半叶在阿拉伯半岛创立的，后来逐渐传播到世界各地，成为影响巨大的世界性宗教。伊斯兰教传入陕西已有1300多年的历史。

西安回坊，也称"教坊"，或简称为"坊"，是西安本地回族居民的聚居区。"坊"是一种随着伊斯兰教传入而逐渐诞生的特殊社会聚居形式，经过漫长的发展和演化，最终演变为一种寺坊结合的典型民族社区形式。明清时期，西安城内形成了"七寺十三坊"，至今仍得以较好地延续与保留，成为外地游客品尝西安特色美食、欣赏特色民俗风情的好去处。

西安回坊的历史可以追溯到唐代，当时长安城内实行坊市制度，居住区与商业区彼此分离，城内设有东市、西市，商业活动只能在这两个区域内进行。长安城作为当时国际化的大都市，波斯、阿拉伯商人沿着丝绸之路来到长安。这些商人大多是穆斯林，当时称为"番客"。因为宗教信仰和风俗习惯皆与原住民迥异，这些"番客"自发地"同类相聚"，在长期聚居之后逐渐形成了"番坊"。"番客"大多从事商业，故而"番坊"多集中于沿海通商口岸以及大都市，这就是回族寺坊聚居形式的雏形。随着穆斯林人口数量不断增加，聚居地数量和占地面积也不断扩大，朝廷便需设立专门的管理机构。这种机构最早可以追溯到唐宋两朝，当时的番坊管理机构称为"番长司"，设番长管理坊内事务，负责管理来华番客的通商贸易，又管理番坊内穆斯林的宗教事务。但随着唐王朝的灭亡，长安这座伟大的城市衰落下去，学界对于唐宋之际长安穆斯林的情况所知有限。

　　到了13世纪，成吉思汗及其后代对中亚、西亚发动了三次大规模的远征。蒙古铁骑先后征服了葱岭以西、黑海以东信仰伊斯兰教的广大地区。大批波斯、阿拉伯及中亚各民族的穆斯林军士、工匠被编入蒙古探马赤军中，参与到蒙古族统一中国的征战之中。元朝建立后，这些由中亚、阿拉伯、波斯等地迁入的人口与中原各民族经过长期杂居和通婚，文化习俗互相渗透，逐渐形成了具有独特生活习惯、宗教信仰、文化特点的新民族——回族。回族的形成，标志着我国古代的民族融合发展到了一个新的阶段。而当时的西安则是回族的主要聚居区。

进入明代之后，明太祖朱元璋为了维护国家的长治久安，在民族政策上一定程度地延续了元朝传统，出资敕建或敕修了不少清真寺，这其中就有西安城内的清真大寺。在今化觉巷清真大寺内还存有明成祖"永乐三年二月初四日立石"的《敕谕碑》，碑中记载："洪武二十五年三月十四日，咸阳王赛典赤七代孙哈智赴内府，宣谕当日于奉天门奉圣旨：'每户赏钞五十锭、绵布二百匹。与回回每分作二处，盖造礼拜寺二座。南京应天府三山街铜作坊一座，陕西承宣布政司西安府长安县子午巷一座。如有寺院倒塌，许重修，不许阻滞。与他住坐，恁往来州府县、布政司买卖。如遇关津、渡口，不许阻滞。'钦此钦遵。"这道敕谕所说的两座清真寺，一座在当时的都城南京，一座就是今天的化觉巷清真大寺，只是当时此地名为"子午巷"。由此可见，西安府当时回民数量极多，要有一个礼拜的场所；而且明朝统治者已经考虑到回民多从事商业，允许他们来往于各地，要求各地官员、各交通要道不许阻拦。

西安城内除清真大寺之外，还有大学习巷清真寺，这座清真寺历史也很悠久，明代称为"清净寺"。寺内藏有明嘉靖二年（1523年）所刻的《重修清净寺碑》。碑文由刑部浙江清吏司观政刘序撰文，碑文首先介绍了清净寺的创建历史，随后着重介绍了郑和与该寺的渊源："我国朝永乐十一年四月，太监郑和奉敕差往西域、天方国，道出陕西，求所以通译国语、可佐信使者，乃得本寺掌教哈三焉。乃于是奏之朝，同往。卒之揄扬威德，西夷震詟。及回旆，海中风涛横作，几至危险。乃哈三吁天，恳恳默祷于教宗马圣人者，已而风恬波寂，安妥得济。遂发洪誓，重修所谓清净寺者。"

碑文中谈及永乐十一年（1413年）郑和奉明成祖朱棣之命，选派前往西洋各国的翻译人员，因为西安是回族聚居区，郑和选中了清净寺的掌教哈三作为随行翻译。哈三不仅出色地完成了翻译任务，而且在郑和船队遇到大风浪时，祈求教宗保佑，最终船队平安返航。哈三回到西安之后，开始了重修清净寺的活动。现代科学知识告诉我们，海上风浪的大小与哈三的默默祈祷没有什么关系，不过这块碑刻文字让我们了解到远居内陆的西安与远航西洋的郑和船队还有着这么密切的关系。

明朝后期到清朝前期，西安及周边地区的回民人口迅速增长。清乾隆四十六年（1781年），陕西巡抚毕沅就曾上报朝廷，西安省城内的回民不下数千家，而且回民聚居区就在城内钟楼到西门一带，离陕西巡抚衙门非常近，教堂经楼高耸入云，气势雄伟。到清同治年间，回族已经成为陕西省内人口仅次于汉族的民族。但在同治回民起义之后，陕西回民人口锐减，而且仅集中在西安城内。由于他们没有在回民起义的大潮中与城外的回民起义军会合，才保住了性命。不过，这些幸免于难的回民受到严密的监视，被拘禁在回坊之中，不得擅自出入，甚至病逝在坊内，也不准出城埋葬，只能就地掩埋。这些歧视性的政策，直到清朝灭亡，才得以废止。

清光绪三十二年（1906年）至宣统二年（1910年），日本学者足立喜六在陕西高等学堂任教，他利用工作闲暇，寻访汉唐长安旧迹，写成《长安史迹考》一书。他在书中写道，西安的回教徒"建造中国式的房屋，穿戴中国式的服装，却信奉固有的宗教，固守传统的习俗，不与汉人通婚，不买汉人调理的食物，也不在汉人家中过夜"，"回教徒一般以车夫、马丁、商贾为生业。因敏于见利，无论对何种卑贱的职业都不气馁"，而且"生性勇悍，不食用酒类及鸦片，勤勉力行，任侠仗义，注重情谊，信义坚定"。这些民族特性，给足立喜六留下了非常深刻的印象。他还为化觉巷清真大寺拍摄了四幅照片，其中一幅是回民儿童的合影。如今这座穿越百年岁月的大寺依然矗立，令人感慨万千。

五、天主教堂的出现

基督教于1世纪起源于今天的巴勒斯坦地区，逐渐流传到全世界。基督教信仰上帝，认为耶稣基督是上帝的儿子，道成肉身，降世成人，救赎人类。11世纪，基督教分裂为天主教和东正教。16世纪，天主教中又兴起宗教改革的浪潮，形成基督教新教，在中国则称为"基督教"。天主教信奉天主和耶稣基督，尊玛利亚为圣母，基本教义如：天主圣父创造天地，创造人类；天主圣子降生为人，救赎人类，并受难、复活、升天，在世界末日时再次降临；天主圣神（即圣灵）圣化人类；教会为基督所创立，并有赦罪权；人的肉身将于世界末日复活并接受基督的审判。

基督教在我国传教的历史非常悠久，早在唐代就有东罗马基督教异端分支——景教在长安城设立教堂，因为景教信徒大多是来华的波斯人，所以唐朝人把景教教堂称为"波斯寺"，天宝四载（745年）又称之为"大秦寺"。唐建中二年（781年）镌刻的《大秦景教流行中国碑》详细记载了景教传入中国的经过。但由于随后的唐武宗灭佛事件，大秦寺也同时被毁了，教徒就此流散。基督教再次出现在陕西的土地上，已经是明朝末年的事情了。

如今西安城内有两座天主教堂，一座位于北门内糖坊街，一座位于城南五星街。因为地理位置上一南一北，糖坊街天主堂被简称"北堂"，五星街天主堂则简称"南堂"，其中北堂的历史更为悠久。明天启五年至六年（1625—1626年），法国传教士金尼阁在陕西泾阳、西安一带传教。当时信仰天主教的信徒极少，只有北京刑部任职的泾阳人王徵是天主教徒，金尼阁就长期寄住在王徵家中。天启七年（1627年），德国传教士汤若望接替金尼阁教职，来到了西安任职。在王徵的出资帮助下，花费白银300两购买了地皮，先建立了一座小教堂。此后不久，汤若望又用非天主教徒的捐赠钱款，构筑了一座较大的"天主圣母堂"（中文名为"崇一堂"），这座教堂就是今天的糖坊街北堂，是西安历史最久的天主教堂。据《汤若望传》记载，教堂里竖立了基督像，教堂屋顶上安装了镀金十字架，这些新奇的陈设引发了教堂周边众多居民的极大兴趣。汤若望则以极大的热情招待了这些居民。居民们也一改此前揣测诽谤的疑惧心态，转而接受了天主教。汤若望在此期间为50余人进行了入教洗礼。明崇祯三年（1630年），来华耶稣会会士郭崇仁、梅高两人对崇一堂继续进行改建、扩充，又更名为"圣伯多禄堂"，占地总面积4.139亩。院内有厢房16间，临街有门楼1间，建筑古朴典雅，风格别致。

五星街天主堂始建于清康熙五十五年（1716年），比北堂晚了90年。当时意大利方济各会士、陕西天主教第二任主教梅书升委派意大利籍传教士马戴第主持西安教务。马戴第在西安城内的土地庙什字购买了一块土地，建成了天主教南堂，作为陕西教区总堂。后意大利籍主教方启升在原基础上加以扩充和改建。

但到了清雍正年间，朝廷下诏禁止外国传教士传教，南堂也被关闭，直到鸦片战争之后，清廷被迫解除天主教传教禁令。清道光二十四年（1844年），山陕教区分治。自同治元年（1862年）起，陕西教区第二任主教高一志与第三任主教林奇爱，便开始与陕西主政官员多方交涉，直到光绪十年（1884年）才将南堂教产索回，并再次扩建，扩建后的南堂基本上就是我们现在所见的模样。南堂建筑房屋共10间，加上其他附属物，总占地20.16亩。五星街天主教南堂是中西建筑合璧的典范之作。总体上体现了庄严肃穆的欧洲风格，有罗马石柱、高大的十字架、简洁的外墙立面等等，但细微处又体现了中国装饰纹路的特点，如兽头、饕餮图纹，两侧影墙上又有梅兰竹菊、石榴、佛手等吉祥图案，体现了天主教与中国传统文化的融合。

明清时期，以西安为中心的关中地区社会文化繁荣发展，出现了吕柟、冯从吾、李颙等关学大家，地方文化的复兴带动了本地文人挖掘地方名人的活动，明朝人为确定汉代大儒董仲舒的墓地位置几经考索，还闹出了笑话。明清时期是我国地方志书编纂的高潮期，明代何景明编纂的《雍大记》、赵廷瑞与马理等编的嘉靖《陕西通志》，清代贾汉复主持修纂的康熙《陕西通志》、毕沅编纂的《关中胜迹图志》都是这一时期代表性的官方方志著作。个人著述也层出不穷。赵崡撰写《游城南》、徐松撰写《唐两京城坊考》，寻觅汉唐长安遗迹，追溯历史的荣光。清末毛凤枝则关注现实，梳理秦岭各谷口的交通、战事，成就了一部知名的军事地理学著作——《南山谷口考》。清代金石学的风靡也为古老的西安碑林带来了新的活力。

第九章　英杰多文采，往来振素风

——社会文化繁荣发展

一、关学的发展

　　所谓"关学"，是北宋张载创立的关中的理学，可以理解为以张载气一元论哲学为核心的思想体系。继张载之后的关中学者有以吕大防为首的蓝田吕氏四兄弟（其余三人为吕大忠、吕大钧、吕大临），及苏昞、范育等学者，但北宋之后关学逐渐衰落。明朝建立之后，统治者尊崇程朱理学。此后，关中学者以研究理学著称于世，学术大家不断涌现，一方面本地区师承传授，互相切磋交流学问；另一方面又不断向全国各地汲取营养，接受新观念、新思潮，各自致力于建构新的关学文化体系。当时的关中也与全国其他地区一样，书院林立，讲学盛行。因此，明清时期的关学，可以理解为关中学者的理学思潮，并不限于北宋张载之学。

　　明中叶尤其是嘉靖以后，关学才出现了群星灿烂的繁荣局面。俺答封贡后，陕西边患渐息，而内部的经济政治和社会危机却一天天严重起来，促使人们对人生与社会的真谛进行认真反思，关学的特色由此得以继承与发展。著名思想家张岂之先生认为，关学既是深邃的理论，又重视实用。首先，关学学风笃实，注重践行。明末清初著名学者黄宗羲就已提出："关学世有渊源，皆以躬行礼教为本。"躬行礼教、学风朴实是关学的显著特征。明代吕柟主张"一切准之以礼"，清代关学学者王心敬、李元春、贺瑞麟等人，依然守礼不辍。

其次，关学崇尚气节，敦善厚行。关学学者大多注重操行、敦厚士风，具有刚正不阿、不苟于世的特点。明代杨爵、吕楠、冯从吾等都敢于仗义执言，即使触怒皇帝，被判入狱，仍然不改初衷，体现了大义凛然的独立人格和卓尔不群的精神风貌。清初关学大儒李颙，面对康熙皇帝的征召，坚辞不出，铮铮铁骨，志气高洁。这些关学学者体现了"富贵不能淫，贫贱不能移，威武不能屈"的大丈夫气节。在明末清初的时代大变革中，确实是难能可贵的。

再次，关学有着求真务实、开放会通的精神。关学学者大多不主一家之言，具有比较宽广的学术胸怀。明代学者韩邦奇、王徵非常重视对于自然科学的学习。冯从吾则把程朱理学与陆王心学融合起来，他接受王阳明"致良知"的理论，但反对王门后学把它神秘化、禅学化，提倡从实践中获得良知，"取先正格言，体验身心"，并见诸实效。正是由于关学学者坚持传统，但并不拘泥传统，能够将不同的学术思想融会贯通，才有了关学的大发展，体现了鲜明的开放性与包容性的特征。

明清之际，最具代表性的关学大家有高陵人吕柟、长安人冯从吾、盩厔人李颙等学者。

吕柟，字仲木，号泾野，陕西高陵人，生于明成化十五年（1479年），卒于嘉靖二十一年（1542年）。他早年潜心研究理学，弘治十四年（1501年）中举之前，曾在家乡建"云槐精舍"，开始授徒讲学。吕柟一生仕途坎坷，曾有三次起落。正德三年（1508年），时年29岁的吕柟赴京应试，擢进士第一，授翰林院修撰。正德年间，时值阉党刘瑾把持朝政，正直之士不为其所容。刘瑾本是陕西兴平人，与吕柟是老乡。当时很多品格低劣的官员都以巴结刘瑾为荣。吕柟是当朝状元，又是陕西人，与刘瑾交往更是顺理成章。但吕柟不但不与其交往，还上书言事，请正德皇帝入宫御经筵、亲政事，结果触怒了刘瑾，为躲避迫害，不得不告病引退，在宫中仅两年时间。这是他人生第一次起落。

正德九年（1514年），刘瑾被诛之后，吕柟官复原职。然而不久因为乾清宫发生了火灾，他又应诏上言呈六事，劝说武宗遣去义子、番僧、边军，撤回各地的镇守宦官，此后又多次上书直谏，均不被采纳。吕柟眼见自己的政治理想无法实现，不得不再次引疾而归。这是吕柟人生第二次起落。回乡期间，除为父亲服丧之外，吕柟一直致力于授徒讲学。

嘉靖元年（1522年），世宗即位，吕柟被起用，入京城供职翰林院。但好景不长，嘉靖三年（1524年）因为世宗要尊奉自己的亲生父亲为皇帝，引发"大礼议"之争。吕柟坚持正统观念，触犯龙颜，被打入大狱。这是他第三次起落。不久出狱，被贬为解州判官。在解州期间，吕柟重视文教事业，建"解梁书院"，并于政务之余常在书院讲学。当时就有人称赞他"兴学而人才不变，励俗而礼让大行"。嘉靖六年（1527年），吕柟升任南京吏部考功司郎中，此后又升任南京宗人府经历、尚宾司卿、太常寺少卿。嘉靖十四年（1535年），吕柟调任北京，升国子监祭酒，以讲学为业，同时加强对国子监的管理，使国子监面貌一新，时人称他是"海内硕儒，当代师表"。十五年（1536年），升南京礼部右侍郎，吕柟仍于公余讲学。在南京共计9年时间，直到嘉靖十七年（1538年）上疏请求归乡。嘉靖二十一年（1542年），在家中病逝。

吕柟一生为官，刚正不阿，两袖清风，深受人们的爱戴。虽然在政治上建树不多，但历官南北各地，所至讲学，声望极高。他的讲学活动与同时期的王守仁、湛若水齐名，门徒众多，堪称一代宗师。《明史》记载：

吕柟去世后，"高陵人为罢市者三日。解梁及四方学者闻之，皆设位，持心丧"。世宗得到吕柟辞世的消息，辍朝一日。

吕柟一生著述很多，最主要的是讲学语录《泾野子内篇》，另有《泾野先生五经说》《四书因问》《泾野先生文集》等。吕柟虽然尊崇程朱理学，但并不是一味盲从朱熹的说教。他坚持"理气不可分"，反对朱熹"理生气"的观点，认为"理在事中"，只有悉心探究人事，才能明白道理。因此他对"理气观"这些形而上的思辨缺乏兴趣，而把学问的重心都放到了日用常行上。

他认为"只在人事上做，则天理自随"，也就是说儒学的精神不是纯理论，而是道德实践，因此特别重视"尚行"。倡导躬行实践，是吕柟卓然成家的标志。他说："学者虽读尽天下之书，有高天下之文，使不能体验见之躬行，于身心何益，于世道何补？"那么，如何做到躬行实践呢？这就需要"以仁为学"，吕柟认为学者为学"必先学仁"，否则就会偏离大道。他强调"仁"并不是一般的道德之仁，而应是始终贯穿"万物一体"的观念。"仁"的精神就在儒家经典《四书》《五经》之中，注重"克己"与"孝悌"等日常的道德伦理的实践。

受到时代的局限，吕柟所倡导躬行的内容，主要是指日常行事恪守封建礼教，日常行为"一切准之以礼"。他说："若有一等人，所讲者是一样，看他穿的衣服、住的房屋又是一样，这便不可信他。"那么，如何做到"尚行"呢？那就要做到"安贫"。"安贫"是学问的根底，躬行就要做到"安贫"。他认为"安贫"是讲道学道的"捷径法"。提倡"安贫"就要求人们在困境中恪守礼教。

吕柟所处的明代中叶，是王阳明心学颇为时兴的时期，而坚持程朱理学的学者为数不多。吕柟一直坚守程朱理学的宗旨。在心学盛行的时代，能坚持己见，恪守程朱理学，不趋时势，是非常难能可贵的。吕柟虽然不赞同王阳明的学术观点，但是对心学一直持有宽容的态度。世宗即位后，吕柟回京复职。当时王阳明讲学东南，当权者推崇程朱理学，主考官对阳明之学也深为嫉恨，竟主张焚书禁学。吕柟得到消息之后，不因他与王阳明学术观点相左排斥心学，反而对其"力辨而扶救之"，使某些人的禁学之议未能付诸实施。这也反映了吕柟不因学派之争而排斥其他学术主张的宽广胸怀，反映了他确实是一名主张"以仁为学"、躬行实践、一身正气的学问大家。

吕柟之后最著名的关学大家是少墟先生冯从吾，后世人称其为"关学集大成者"。在西安城墙南门里，有一条东西向的小街，名为"书院门"，其得名是因为这里曾经是明末关中书院的所在地。冯从吾曾在关中书院讲学。关中书院正门西侧不远处，矗立着一座巍峨的古塔，名为"宝庆寺塔"。这座古塔与关中书院还有一段历史掌故，与冯从吾有着密切的关系。

冯从吾，字仲好，号少墟，长安人，生于明嘉靖三十六年（1557年），卒于天启七年（1627年）。冯从吾的父亲冯友深受王阳明心学的影响，在小时候，就为他解说"个个人心有仲尼"的名句，鼓励少年冯从吾努力学习，但不久父亲便去世，11岁时母亲也故去了。这些生活的变故并没有让冯从吾屈服，他发奋苦读，立志于圣贤之学。少年时拜长安萧九卿为师，14岁时就学于沈豸，学习《毛诗》。成年后，以父亲的恩荫入选太学。20岁回乡后，恰逢陕西按察司提学副使许孚远督学关中，开正学书院，并选拔乡间才俊和力求上进的读书人进入书院讲明正学，他也被选入其中，他的聪明才智、勤学苦读的精神得到了许孚远的认可。

万历十六年（1588年），冯从吾中举；第二年就考中了进士，被选为翰林院庶吉士，由此步入仕途。冯从吾为人严肃，即使是参加宴席也坐得端端正正，从来不参与酒令，在同僚眼中，他是一个不太随和的人，颇有特立独行的气象。万历十九年（1591年），冯从吾改任山西道御史。他疾恶如仇，对违法乱政的行为极为痛恨，曾成功弹劾了不少贪官，朝野为之震动。当时明神宗常年深居宫中，沉湎酒色，不理朝政，国家大政弊端丛生。冯从吾于万历二十年（1592年）正月，愤然上《请修朝政疏》，在奏疏中，他说神宗"每晚必饮，每饮必醉，每醉必怒。酒酣之后，左右近侍一言稍违，即毙杖下"；又说神宗"困曲蘖而欢饮长夜，娱窈窕而晏眠终日"。神宗大怒，传旨要在朝堂之上廷杖冯从吾，恰逢太后寿辰（长秋节），加上大臣们再三苦求，才得以幸免。冯从吾名声震天下的同时，看到仕途无望，这使得他转变人生目标，回到家乡，闭门三年，以与学界友人论学为乐事。

万历二十三年（1595年），冯从吾再被启用，出任河南道监察御史。他在任上尽力革除积弊，清理国税，打击贪官。不久，神宗罢黜两京言官，冯从吾原先触犯过神宗，也在削籍回乡之列，因而再次回到了关中。此后，他开始了退居林下、研讨学术、著书立说、讲学授徒的26年时光。在家乡讲学期间，冯从吾数度在宝庆寺讲学，前去听讲的学生学者与日俱增，常常可达千人之数。万历三十七年（1609年）十月初一，陕西布政使汪可受、按察使李天麟等人对冯从吾说："在宝庆寺里讲学毕竟只是个暂时的办法，难以长期维系下去。应当设立正式的教学场所。"第二天，汪、李等人就将位于宝庆寺东的"小悉园"改为"关中书院"，并请冯从吾等学者在书院讲学。

关中书院

天启元年（1621年），冯从吾已经65岁了。他再次应诏赴京，任左副都御史，极力阐明自己对于消弭边患、挽救危亡的主张，但收效甚微。从此，冯从吾把主要精力用在收拾世道人心上，与志同道合的邹元标、曹于汴、高攀龙等友人一道复振京师讲学之风。天启二年（1622年）秋，他又与邹元标共议，在北京建成首善学院，作为讲学场所。不过讲学活动并不顺利，多次受到朝廷阉党的反对与诋毁。这年十月，冯从吾再次辞官。次年回到故乡后，冯从吾终日杜门著书，讲学不倦。虽然天启四年（1624年），曾被起用为工部尚书，但他早已对政治失望了，对通过入仕改变世道人心再不抱有希望。天启六年（1626年），魏忠贤下令毁天下书院，大肆屠杀东林党人。魏忠贤还派出亲信乔应甲来到西安，对冯从吾大加羞辱，下令拆毁关中书院。冯从吾自此"寝食俱废，昼夜跌坐百余日，竟以不起"。天启七年（1627年）二月，冯从吾在忧愤中辞世。

冯从吾是明朝末年促成关学复兴的重要人物，一生"不营产业，不蓄妾媵，不赴宴会，不博弈饮酒，自读书讲学外勿论，无池台亭榭之娱"，生活简朴、行事严谨、性格率真、刚正不阿。他为官虽然短暂，但一生致力于讲学、著述。清初关中学者李颙称赞他说："关学一派，张子（张载）开先，泾野（吕柟）

接武，至先生而集其成，宗风赖以大振。"冯从吾虽然是阳明心学的传人，肯定王阳明的"致良知"说，认为此说体现了儒家心性修养之功的实质，极有利于儒学。但他对王门后学把心学引向虚浮空谈、神秘化、禅学化的情况深感痛切，因此自觉担当起了纠正心学之偏的学术责任。他认为应当走上会通的路子，走"本体"与"功夫"并重的学术道路。"本体"就是探寻儒家所主张的伦理纲常、道德规范的根源，修养"本体"所规定的道德人格；"功夫"就是很切实具体的纲常伦理、道德规范。他主张调和朱学与王学的矛盾，无论是朱熹的穷理，还是王阳明的"致良知"都是"功夫"；无论他们之间的分歧有多大，但在努力造就儒家理想人格"本体"这一点上，有着一致的归趋。

冯从吾的另一大贡献就是率先总结了关学的产生、发展状况，编纂《关学编》一书，使宋明理学在关中地区的传播过程、关键人物、学术主张，有了一个较为清晰的脉络。虽然他并未对关中理学的学术传统进行归纳总结，但是因为《关学编》的出现，客观上为关学建立了一个学术系统。后世学者屡次续编《关学编》，致力于关中理学学术史的研究，也可见冯从吾的开创之功是非常重要的。正因为如此，冯从吾在关中学者心目中占据了特殊的地位，后世将其尊为"关学之集大成者"。

继承冯从吾关学事业的是人李颙。李颙，字中孚，陕西盩厔（今周至）人。取"山曲曰盩，水曲曰厔"二语，自号"二曲土室病夫"，学者称其为"二曲先生"。李颙生于明天启七年（1627年），卒于清康熙四十四年（1705年），是清初著名学者和思想家，与吴中顾炎武、富平李因笃、华山王山史学术交往密切，同容城孙奇逢、余姚黄宗羲并称"三大名儒"。

李颙自幼家贫，9岁始入学，读《三字经》，仅20余日便因病休学，后随舅舅读《大学》《中庸》。他的父亲李可从喜欢讨论兵法，以好勇著称乡里，明崇祯十四年（1641年）应征从军，赴河南与李自成的农民军作战，战死在河南襄城。从此，李颙与母亲彭氏的生活更陷入极度艰难之中。彭氏决意教李颙从学，但无力缴纳学费，屡被塾师拒绝。在母亲的鼓励下，李颙发愤自学，开始了自立的人生道路。县内藏书之家，渐知李颙家贫力学，便任其翻阅藏书。李颙借此机会披览经史子集以及佛、老之书，但他不事科举，只是一味博览群书，虽受到世俗的讥笑，也不改其志，这就为他以后思想的形成和发展，打下了坚实基础。

清顺治十六年（1659年）春，骆钟麟任盩厔县知县，下车伊始便去拜访李颙。骆钟麟崇敬李颙的学问和为人，拜他为师，还在生活上大力资助。康熙二年

（1663年），顾炎武也慕名来访，与李颙切磋学问。此后弟子不断增多，陕西各地乃至甘肃的学者都到盩厔探访李颙。康熙九年（1670年），李颙在母亲三年丧服期满后，前往河南襄城，为父亲"招魂"。已经改任常州知府的骆钟麟派人迎请李颙到江南讲学三个月，常州士绅名儒争相听讲，李颙也借此机会读到了东林学者顾宪成、高攀龙等人的大量遗著，开拓了眼界。康熙十二年（1673年），陕西总督鄂善又聘请李颙主讲关中书院。十四年（1675年），李颙为躲避王辅臣的叛乱，避兵至富平，康熙十八年（1679年）返回家乡之后，在居室附近筑一土室，名为"垩室"，自处其中，除了教授王心敬等弟子，同顾炎武、王山史、李因笃等旧友尚有书信往来或是聚会探讨学术之外，基本闭门养病，不再与外界往来，直到病逝，整整30年时间。前文提到，康熙四十二年（1703年）十月，康熙帝西巡西安，欲召见李颙，他更是以死坚辞。

李颙在清初进步学者"经世致用"思想的影响下，积极参与反思理学，对张载、吕柟、冯从吾等关学先辈"注重实践""学贵于用"的治学精神尤为赞颂。他自己也以倡明关学为己任，对张载提出的"为天地立心，为生民立命，为往圣继绝学，为万世开太平"予以极高评价："志不如此，便不成人；学不如此，便不成学；做人不如此，便不成人。"但在清初思想禁锢和文字狱起伏的大时代背景下，李颙只能一筹莫展，思想逐渐抑郁苦闷；加之自身明朝遗民的烙印，辅佐帝王、建功立业的志向也无法实现，放弃科举考试，也是必然的选择。于是，李颙只能在宋明理学中寻找出路，通过对理学的反思，传承关学。

李颙提倡"悔过自新"。他认为人性本善，个人要对现实世界乃至学术思想进行反省反思，指出劣点，加以改正。他将《论语》《孟子》《大学》《中庸》与"致良知"熔为一炉，创立"悔过自新说"，使理学还原为儒学。他说儒家经典虽然"卷帙浩繁，其中精义，难可殚述"，而"悔过自新"却"宁足括其微奥"。因此他认为"悔过自新，乃千圣进修要诀"，将"悔过自新"作为"明道"的唯一途径。"过"和"新"则是由"理"规定的，违背了"理"就是"过"，符合"理"就是"新"。"悔过自新"就是要掌握"理"的认识论和方法论，同时，他又强调"悔过自新"就是一种"复故""反本"的功夫，在方法论上沿袭了王阳明"从自己心上体认"天理的内省方法，强调静坐的重要性。

李颙还主张"明体适用"，即"明道存心以为本，经世宰物以为用"。他所说的"明体"，指的是弄通理论问题，就是要精心研习程、朱、陆、王的各派之学，取舍其间，明道存心。他所说的"适用"，是指要学会"经济实学"，如礼、乐、兵、刑、赋、役、农、屯，乃至"泰西水法"都是实用学问，并且必须紧密联系实际，不可须臾分离。

李颙年轻时，泛览群籍，但留下的著作并不多。因为他认为这些著作无益于身心，不以示人，多被他在生前焚毁了。流传下来的主要都是关于人性义理的著作，如《悔过自新说》《四书反身录》等等。此后，门人弟子又编有《二曲先生集》等书。

二、董子祠的兴建

在今西安市和平门里，有一条紧靠城墙的小巷，名为"下马陵"。这里的董子祠正对城墙，祠堂背后还有一座坟冢，相传是西汉时著名思想家董仲舒的陵墓。

董仲舒（前179—前104年），对于中国人而言，绝对是一个耳熟能详的人物。他是西汉时期的大思想家、哲学家、教育家。凡是有古典文化基本知识的人，无不知晓董仲舒向汉武帝献上的"天人三策"，提出"罢黜百家，独尊儒术"的主张，这一主张成为纵贯中国历代封建王朝2000年的基本统治思想。因此说，董仲舒对中国社会的政治、文化等方面都产生过巨大影响。

据《汉书》记载，董仲舒本是广川郡（今河北景县）人，后迁居茂陵邑，并以此为家乡。晚年时，因为不屑于官场争权夺利的相互倾轧，告病居家修书，并于汉武帝太初元年（前104年）在家中老死。原本按惯例，董仲舒过世后，应葬于家乡，可谁知，关于董仲舒墓的确切位置，后人却争论了上千年，从唐代至清代，不仅众说纷纭，疑冢也接二连三地出现，直到近年才有所定论。这其中的故事，着实是烦琐又有趣。

熟悉唐诗的人，肯定对"虾蟆陵"一词不陌生。唐代大诗人白居易的《琵琶行》中就有"自言本是京城女，家在虾蟆陵下住"之句，唐代著名诗人僧皎然的《长安少年行》中也有"翠楼春酒虾蟆陵，长安少年皆共矜"的描写。早在唐玄宗开元年间，史官韦述在《两京新记》一书中就提出虾蟆陵本是董仲舒墓的观点。80余年后，到唐宪宗元和年间，翰林学士李肇在《唐国史补》中继承了韦述的观点，认为其"旧说董仲舒墓，门人至皆下马，故谓之下马陵，谚为虾蟆陵"。由此可见，唐朝人认为董仲舒墓即是下马陵，且由于长安本地方言的语音关系，"下"与"虾"同音，下马陵也就被误传为了"虾蟆陵"。后人更是由此演绎出了汉武帝出于尊敬董仲舒，过其墓时下马的传说。

至于虾蟆陵究竟在何处，唐人并未提及。直到北宋时期，著名史学家宋敏求在《长安志》中才对虾蟆陵的具体位置作了描述，（常乐）"坊内街之东有大冢，俗误以为董仲舒墓，亦呼为虾蟆陵"。宋敏求又指出虾蟆陵在万年县南6里，唐长安城常乐坊内十字大街的东面。

元朝人骆天骧在《类编长安志》继承了宋敏求的观点，并且更加细致地描述虾蟆陵在兴庆宫南的胭脂坡上。

唐常乐坊，在今西安交通大学校园内，胭脂坡即是今天的沙坡。今人据这些线索，考证出宋敏求和骆天骧所描述的虾蟆陵的位置，就在今西安交通大学校园南侧的两片网球场下。1998年，学校在此施工时，也曾在此发现一座砖砌券顶汉墓，恰巧契合了前人对虾蟆陵位置的描述。

按理，经过唐、宋、元人的描述，找到了虾蟆陵，董仲舒墓葬的问题应该迎刃而解。可实际却恰恰相反，问题并没有变得简单起来，而是越来越复杂。这是怎么回事呢？

首先，唐人韦述和李肇对虾蟆陵就是董仲舒墓的记载只是依照传说，并没有任何可靠的史料依据。唐代距离西汉的时间虽然更近，但也有800年的时间间隔。唐诗中虽然多次出现"虾蟆陵"这个意象，但唐人从未在诗中使用过"下马陵"，这是很奇怪的。如果说白居易创作乐府诗喜用俗语可以理解，那么诗风"高冷"的皎然也用"虾蟆陵"来代替"下马陵"就有点说不过去了。而且唐人也没有因使用"虾蟆陵"这个意象而用到任何关于董仲舒的典故，如若当时虾蟆陵即董仲舒墓就已被广泛认同的话，这种空用此类意象却不用典的情况几乎不可能发生。所以，韦氏和李氏的观点看起来更像是仅凭一点传说以及语音的关系而进行的附会。故此，无法从唐人的记载中断定虾蟆陵与董仲舒墓之间有什么必然联系。

其次，董仲舒既非天子也非诸侯王，墓葬是不能使用"陵"这个字的。后代以"陵"称其墓也是不合适的，明人虽曾为此极力辩驳，但实在是为董仲舒张目而强辩，并不符合封建社会礼仪及伦理规范。

最后，宋敏求和骆天骧的著述虽然帮助后人定位了虾蟆陵的位置，今人也的确在该位置发掘出了汉墓。但二人却同时在各自著述中提出观点，认为虾蟆陵是董仲舒墓这一说法，乃是唐人误传！二人虽然并没有就此提出详细的论断或提供更多的证据，但可以确定的是，宋元时期对于董仲舒墓的所在地是有其他观点的。

既然宋人、元人认为虾蟆陵是假的董仲舒墓，那么他们认为真的董仲舒墓在哪儿呢？

观点是由宋人首先提出的。北宋乐史在《太平寰宇记》中认为，董仲舒墓在兴平东北20里。这正是董仲舒的家乡，也是汉武帝茂陵邑的所在地！也就是说，乐史认为董仲舒过世后，应该就安葬在了家乡。并且董仲舒墓与西汉卫青、霍去病等名臣的墓葬一样，同属于汉武帝茂陵的陪葬墓之一。历代修撰的《兴平县志》也坚持此观点。此观点同样没有明确的史料记载为依据，后人也只能依据合理性和实地考察情况进行分析而得出结论。

首先，依照《汉书》的记载，董仲舒晚年居住在家乡茂陵邑，并在家中过世。那么其安葬于家乡，远比把灵柩运到汉长安城的南郊远郊地带安葬更为合情合理。

其次，董仲舒是汉代著名的大思想家、学问家，不仅向汉武帝进献三策，同时也奠定了汉代"独尊儒术"的统治思想。他虽未居显职，但《史记》《汉书》均不吝溢美之词，并记载了董仲舒晚年居家后，朝廷将议大事时，汉武帝常遣使问策。这样超然的地位，死后墓葬作为汉武帝陵的陪葬墓是合情合理的。

今人为探究"兴平说"的真相，曾多次前往茂陵实地考察。虽然没有考古发掘作为佐证，但经考察，在宋人描述的地点，即茂陵大冢北1里许，有一个古村名为"策村"，村里200余户人家，绝大多数姓董，村内原有"三策旧址"石碑，村民亦自称董仲舒后人，所谓"策村"，即由董仲舒进献三策而得名。村东南有封土冢，村民也指认其为董仲舒墓。这种自汉代流传至今，以一姓或典故命名的古村和聚落，在关中地区颇为常见，今人附会抢祖宗的可能性不大。因此，结合文献分析与现代人的实地考察，可以看出，董仲舒墓的"兴平说"，较之"虾蟆陵说"更为合理。

根据上文的说法，董仲舒墓之谜似乎有盖棺定论的趋势了，但是别忘了，我们一开始所说的"下马陵"以及"董子祠"遗址可就在和平门内，与常乐坊和兴平都不沾边。是后人又有了新的发现，还是又出现了什么新情况呢？

事情发生在明代。前文提到过明代正德至嘉靖时期关学的兴起，到嘉靖年间，关中文化的繁荣达到了顶峰。本地士人、文人不仅纷纷著书立说，也积极地为西安本地的先贤建祠祭祀，甚至出现过将并非长安本地人，却在本地生活过的先贤的出生地和归葬地直接抢夺过来的情况，比如诗圣杜甫的出生地和墓葬，就曾被明代西安本地文士强夺过。这与今天各地为文化建设和发展旅游抢夺名人故里颇有异曲同工之处。

同样的，董仲舒墓的"兴平说"并不为明代的西安本地文士接受。至晚到嘉靖时期，一些本地文士依旧认为董仲舒墓即是胭脂坡、常乐坊处的"下马陵"。嘉靖年间，本地名士张治道等人还曾前往修缮，甚至还在荒草里发现了前人为董仲舒立的墓碑。张治道作《碑记》一篇，不仅盛赞了董仲舒的才学和功绩，甚至还描述了汉武帝出于尊敬董仲舒而至此下马，而后所有文士至此皆下马的盛况。

为了把董仲舒墓从兴平"抢"回西安府，张治道又特地作了《下马陵辨》一文，全力驳斥"兴平说"。张治道引经据典，举司马迁居茂陵而死后葬于韩城之例，来说明董仲舒居茂陵而葬于长安的合理性。这简直丝毫不考虑太史公的感受。以司马迁与汉武帝的关系，是决计不可能陪葬在茂陵之侧的。

无论是结合汉代实际分析，还是从后代的史料看，武帝下马的传说都并不可靠，很可能是后人根据唐人李肇关于"虾蟆陵"与"下马陵"同音的只言片语逐渐附会出来的。但与"兴平说"相比，"下马陵说"更有传奇色彩，且经过一代一代的"丰富"之后，更为广大文人士大夫所津津乐道，承载了他们身为读书人的自豪和对明君知遇、敬重的期许和艳羡。强夺董墓的行为也正说明了嘉靖年间西安本地文化的繁荣和强势。和平门内的董子祠就是在这种关中本地文化高度繁荣的背景下建成的。

嘉靖初年，西安府学学子以董仲舒对儒学的卓越贡献以及与西安本地有密切联系为由，向陕西巡抚申请兴建董仲舒祠。遂寻一私人院落加以改建，立董仲舒像于其中，地点就在今和平门内董子祠遗址的所在地。值得一提的是，私人宅院改建董子祠并未关系到董仲舒的墓葬。

巧合总是不期而至。改建董子祠的院落中原有一座墓，陕西巡抚等人建祠的行为给本地民众造成了误会，以为祠与墓之间大有关联，加之胭脂坡处的"下马陵"早已荒废，大多士庶并不熟知，由此开始出现了以祠后大墓为董仲舒墓的误会。张治道、吕柟等人随后对此进行了多次澄清。

误会尚未彻底消除，意外就发生了。嘉靖三十四年十二月十二日（1556年1月23日），关中地区发生了严重的大地震，死伤惨重，嘉靖朝的本地文化名人和普通文士多数身殒于斯。自此之后，繁荣一时的关中本地文化浪潮戛然而止。对先贤的祭祀活动也近乎停滞，董子祠、杜公祠等祠堂先后荒废。董子祠此后经历了数次重修，祠后大墓为董仲舒墓的误会就此形成。清代以后，官修方志也对此多有误传。至今，下马陵的碑石仍然立在和平门董子祠遗址外。

三座董仲舒墓真真假假，争论了千年。由于常乐坊汉墓屡遭盗掘，兴平"董墓"也并未发掘，加之西汉尚无墓志铭，所以董仲舒墓的"常乐坊说"和"兴平说"事实上都无铁证。但据现有文献分析，"兴平说"更加合理，近年来也广受学术界认同。尤其是20世纪90年代，著名历史地理学家史念海先生在《西安历史地图集》中将董仲舒墓的位置标注在了茂陵的东北侧，给"兴平说"提供了最具权威的支持。

三、地方文献的编纂

地方文献主要是指与本地政治、经济、历史、文化、地理、教育等方面密切相关的文献资料。明清时期陕西地方文献非常丰富，既有官方组织编纂的地方志书，又有本地人或者曾客居本地、产生过重大影响的各界人士的诗文、传记、游记等各类著述。西安作为陕西政治、经济、文化的中心，在陕西地方文献体系中占据核心地位。

明清时期官方组织编纂的主要是地方志书。地方志书，又称"地方志"，简称"方志"，是中国特有的文化遗产，在我国浩如烟海的古籍中占有很大的比重。中国幅员辽阔，地域差异极大，正史往往过于概括，以记国家大事为主，对地方上的事务记载有限；而地方志书则以地方内容为主，可以作为正史的补充。北宋时宋敏求编纂有《长安志》，元朝人李好文又为该书绘图，名为《长安志图》，元代骆天骧编纂有《类编长安志》。这些优良传统均为明清两朝所继承，明代何景明编纂的《雍大记》，赵廷瑞、马理编纂的嘉靖《陕西通志》；清代则有贾汉复主持修纂的康熙《陕西通志》、毕沅编纂的《关中胜迹图志》，这些官修图书堪称这一时期地方文献的优秀代表。

何景明（1483—1521年），字仲默，号大复山人。明代文学家，前七子之一。河南信阳人，他的父亲何信曾在陕西渭源县任驿丞。何景明"六岁能对句，八岁能文"，被称为神童。15岁中举，19岁高中进士，授中书舍人。在京城与当时已名满天下的李梦阳、康海、边贡、王九思等人关系密切，共同向腐朽的"台阁体"发难，发起了文学拟古运动，倡导"文必秦汉，诗必盛唐"。他对作为汉唐故都的长安也充满了神往之情。

正德十三年（1518年），何景明被朝廷任命为陕西提学副使，专门负责陕西科举、教育工作。在陕西任职期间，何景明选拔优秀学生前往正学书院学习，亲自讲解经学，培养出许多优秀人才，史称"关中人材于斯为盛"。与此同时，何景明还编纂了《雍大记》一书。由于明代的陕西疆域范围广阔，涉及今陕西、甘肃两省及宁夏回族自治区与青海省东南部，这一带古称雍州，何景明就以《雍大记》命名此书，意思是指有关雍州大事的记录。书中涉及西安、凤翔、汉中、延安、庆阳、平凉、巩昌、临洮8个府、21个属州、95个县。全书共36卷，分为六个部分：《考易》专门介绍古代雍州的地理沿革，《考迹》介绍雍州的古迹名胜，《纪运》记载古代帝王的家族谱系，《纪治》记载古代雍州文武功臣的政绩，《志献》记载雍州俊才人物的事迹，《志贲》则是对雍州地方文学历史文献的归总。《雍大记》是记录陕西乃至中国西北地区的第一部通志，广泛记载了西部地区的人物、地理、大事，汇聚了大量文史资料，对于今天修纂地方志，考察西部人情地貌，都具有非常重要的历史价值与文献意义。不过由于何景明在陕西任职时间较短，正德十六年（1521年）六月，就因病辞官回乡，不久因病去世。何景明去世的次年——嘉靖元年（1522年），陕西省便将该书刊印发行。因为成书时间短促，书中内容成于众人之手，写作质量参差不齐。尤其是何景明较为重视对古雍州历史的梳理与记录，对明代当时的政治、经济、社会文化方面的记载并不多，这也促成了此后嘉靖《陕西通志》的修纂。

嘉靖《陕西通志》全书共有40卷，巡抚陕西都察院右副都御史赵廷瑞任修纂官，关中名儒马理负责具体编纂工作，成书于明嘉靖二十一年（1542年）。赵廷瑞，字信臣，河南开州人，正德十六年（1521年）进士。嘉靖十七年（1538年）出任右副都御史，巡抚陕西。马理

（1474—1556年），字伯循，号溪田，陕西三原人。正德九年（1514年）进士，官至南京光禄寺少卿。嘉靖十年（1531年）以年老辞官，回乡讲学多年。赵廷瑞到任后发现《雍大记》过于简略，有重新修纂《陕西通志》的必要，便与马理、吕柟等人商议共修志书。马理等人在编纂《陕西通志》的过程中，参考书籍130余种，并加入按语，以参考不同说法。全书分土地、文献、民物、政事四纲，星野、山川、封建、疆域、建制沿革、河套西域、圣神帝王遗迹、古迹、圣神、经籍、帝王、纶綍、史子集、名宦、乡贤、流寓、艺文、户口、田赋、物产、仙释、职官、水利、兵防、马政、风俗、灾祥、鉴戒28个子目。分类详细，资料丰富，可谓陕西文献资料的集大成者。书中详尽地记载了当时陕西境内自然与社会各方面的情况，尤其重视明代陕西政治、经济、社会文化的记载，可见关学名家马理、吕柟等人躬行实践的学术主张。尤其值得一提的是，书中绘制了《星野图》《地理图》《府城图》等天文地理图，为今人了解明代中后期的陕西，尤其是西安的历史地理提供了宝贵资料。

　　清代是我国地方志修纂的全盛时期。顺治年间，全国就掀起了修纂地方志的热潮。陕西省虽然地处内陆，经济、文化发展相对滞后，但政治地位突出、历史积淀深厚，因此清代陕西方志的修纂几乎与全国方志同步

陝西通志序

資大夫兵部右侍郎兼都察院右僉都御史奉　敕巡撫陝西潯瀶趙廷瑞譔

嘉靖壬寅十月陝西布政司刻通志冬
抄告成予覽之終篇嘆曰斯其為陝西
通志也已按舊志三十卷刻於成化乙
未寘鈞陽馬公巡撫時屬按察副使臨
川伍天錫氏編輯之也天錫貟學此邦
最久其志頗駢詳雅顧今閲七十年板

陝西通志序

赵廷瑞撰明嘉靖《陝西通志》之序

进行。清康熙元年（1662年），贾汉复由河南巡抚改任陕西巡抚，到任后就开始仿《河南通志》的体例修纂《陕西通志》，康熙六年（1667年）《陕西通志》修纂完成。《河南通志》与《陕西通志》是清代最早完成的两部省级通志，为其余各省通志的修纂树立了榜样，为筹备《大清一统志》做了充分的准备。尤其是当时官修《明史》尚未出炉，康熙《陕西通志》并没有受到官修《明史》的影响，记载了很多明末清初的陕西史实，如前文提到的明朝末年秦藩世系的情况，体现了康熙《陕西通志》的独特价值。

　　清乾隆三十六年（1771年）正月，著名学者毕沅出任陕西按察使，十月补授陕西布政使，乾隆三十八年（1773年）任陕西巡抚。毕沅在任期间，非常重视文化事业，他以学者的眼光考察了陕西的山川河流、风土人情，整理校刻了《三辅黄图》《长安志》等陕西地方文献，并且编纂了《关中胜迹图志》和《关中金石记》，繁荣了陕西的文化事业。《关中胜迹图志》属于特殊种类地方志。毕沅在陕西任职期间，足迹遍及关中各地，他发现以西安为中心的汉唐故宫旧苑、陵墓寺塔等文物古迹毁坏严重，很多文物缺乏保护，濒临毁灭，而当时关中地区多年来风调雨顺、百姓安居乐业，应当注重地方文化事业的建设。因此，毕沅在广泛搜集资料的基础上，以《大清一统志》《陕西通志》为依据，参考唐宋以来的地方文献，纂成《关中胜迹图志》32卷，其中西安府独占8卷，篇幅达四分之一，西安府各图27幅。书中对以西安府为首的陕西十二府州的地理沿革、名山大川、名胜古迹做了详细介绍，尤其是《汉未央长乐宫图》《汉建章宫图》《唐西内图》《唐东内图》《唐南内图》《唐华清宫图》《辋川图》《慈恩寺图》《荐福寺图》，对未央宫、含元殿、兴庆宫、曲江、骊山、华清宫的历史面貌都做了尤为详尽的考证。

毕沅在乾隆四十一年（1776年）还启动了西安地方志修纂工作，命西安府知府舒其绅、毕沅幕僚严长明，以《大清一统志》《陕西通志》体例标准，修纂《西安府志》80卷。在其倡导下，关中各地县志的修纂工作也相继展开。

除了以上官方组织修纂志书之外，明清时期个人编纂的地方文献也很多，其中明代赵崡撰写的《访古游记》三篇（《游终南》《游九嵕山》《游城南》），清代徐松撰写的《唐两京城坊考》、毛凤枝撰写的《南山谷口考》都是其中的杰出代表。

赵崡（1564—1618年），字子函，陕西盩厔（今周至）人，明代著名金石学家、藏书家。明万历四十六年（1618年），赵崡游览西安城南，寻访唐宋遗迹，写下了《游城南》一文，这是继宋代张礼《游城南记》之后，明代唯一保存下来的西安城南游记。文中对宋明以来西安城南地名变化、遗址变迁、文物湮灭的情况做了详尽叙述，历史文献价值很大。赵崡还著有《石墨镌华》一书，书中著录了他所见到的唐、宋、元三代关中碑刻的精华。

徐松撰写《唐两京城坊考》，始自清嘉庆十四年（1809年），此时他正从事纂辑《全唐文》的工作，手中积累了大量有关唐代两京的资料。仅用一年多的时间，全书已经初具规模。但是直到去世前四五日，徐松还在做资料的补充工作。道光二十八年（1848年），在徐松去世后不久，弟子张穆就将《唐两京城坊考》刻印出版了。该书利用了唐宋时期的原始文献，对唐代长安、洛阳两京进行复原研究，对唐代宫城、皇城、大明宫、兴庆宫、三苑、外郭城、龙首渠、黄渠、永安渠、清明渠、漕渠都做了极为详尽的研究。徐松还非常重视平面示意图的绘制，西京长安部分共绘制《西京外郭城图》《西京三苑图》《西京宫城图》《西京皇城图》《西京大明宫图》《西京兴庆宫图》6幅平面图，该书也成为后世研究长安城的必备参考书。

毕沅、赵崡、徐松等人注重对地方历史文献的搜集整理，考察寻访历史遗迹，追寻汉唐长安的风流遗韵，而毛凤枝《南山谷口考》的出发点则完全不同。毛凤枝原本是江苏扬州人，因为父亲毛知翰在西安府做官，毛凤枝便随父寓居西安，但他并没有考取什么功名，也没有捞到一官半职。父亲去世后，毛凤枝不得不自谋生路，或是到官宦人家充当教育子弟的家庭教师，或是受聘出任地方长官的私人幕僚。因为他出身官宦人家，又长期与地方官员接触，对陕西本地的逸闻掌故、政坛风云尤为熟悉。清同治元年（1862年），太平天国西征军统帅陈得才率部越过秦岭，出大峪口，在咸宁县三兆村附近的红沟岸大败清军，直逼西安城下。毛凤枝为此深受刺激，转而认为终南山各谷口的得失关系到西安的安危存亡，因此产生了研究南山谷口的想法。在参考前人著作的基础上，毛凤枝写作了《南山谷口考》一书，将东起潼关、西至宝鸡的关中南山北侧各谷口一一列出，阐述这些谷口的历史典故、通达路线、军事行动等各方面的信息，意在提醒世人注重秦岭谷口在军事防御方面的重要作用。《南山谷口考》也是目前仅有的一部以关中南山谷口为切入点，研究南山与陕西关中，尤其是西安安危关系的军事地理著作，具有重要的地方文献价值。

上面介绍的几种地方文献，虽说是明清陕西地方文献的代表作，但相对于明清陕西地方文献的庞大数量而言，可谓挂一漏万。据不完全统计，陕西留存至今的明清地方志就达到327种，其他地方文献的数量规模则更为庞大。这些文献既是陕西明清时期文化繁荣的表现，也为后人了解封建社会末期的陕西，尤其是以西安为中心的关中地区，提供了必备资料。

四、三学街与明清碑林

　　在今天西安碑林景区与西安明城墙之间，有一条东西向的小街。小街名为"三学街"，东起柏树林，西至安居巷，全长不过300多米，但因为夹在西安城两大著名景区之间而获得独特声誉。街北是碑林景区高高的院墙，因为碑林就是历史上的文庙，所以墙壁上书写着"文廟"二字，显得庄严而神秘；街南侧就是西安城的南城墙，游人可以沿登道拾级而上，游览建在明城墙上的文昌阁。

　　西安碑林所在地是明清西安府学和文庙的所在地，也就是说，现在的西安碑林景区原本就是西安府的官办学校祭祀孔子的文庙所在地。西安府学与文庙的创建历史可以追溯到北宋时期，自北宋崇宁二年（1103年）将京兆府学与文庙迁建到"府城之东南隅"之后，位置一直没有发生变化，即在城内的东南角上。

自唐天祐元年（904年），朱温胁迫唐昭宗迁都洛阳，长安城被毁之后，原本保存在务本坊国子监的《开成石经》也几经迁移，直到北宋崇宁二年（1103年）府学、文庙迁建完工，《开成石经》及诸多唐宋碑刻也一并迁入，整整过去了200年时间。后人在唐长安城一片废墟之上重新构筑城池，收拾昔日历史残迹，不断将散落在长安附近的碑石收集归拢起来，安置在文庙内。久而久之，这里便被人们称为"碑洞""碑林"。这反而造成很多人只知碑林、不知文庙，却也说明西安碑林声名显赫，人所共知。

由于明朝初年扩建西安城，将宋元时期的东城墙拆除，在原址基础上向东扩建了三分之一。府学、文庙仍在原地未动，其地理位置相对于明代西安城而言，已不再是"府城之东南隅"了，而是在南城墙内居中稍稍偏东的位置上。明清有两个附郭县，东边是咸宁县，西边是长安县，这两个县又有各自的县学，都在其县衙附近，但每逢初一、十五，都要前往西安府学行礼，非常不方便。明成化七年（1471年），陕西巡抚马文升根据按察司提学佥事伍福的建议，下令将咸宁县学、长安县学从县衙迁到西安府学东、西两侧，既便于县学生员前往府学行礼，又便于西安府所辖生员的管理，可谓一举两得。由此，形成了一庙（文庙）三学（西安府学、长安县学、咸宁县学）的格局。今日碑林所在的三学街，其名称便由此得来。

所以，后人研究碑林历史时，不仅要把碑林与文庙、府学作为一个有机的整体加以考察，而且也要把两个县学视作碑林这一整体的组成部分。

明朝建立之后，驻陕官员及西安府的官员对府学、文庙都非常重视，朝廷派遣的钦差御史也会根据西安府学、文庙的具体情况，要求地方官员加以整修。现在所知的，明代最早的整修记录是在正统年间，都御史陈镒、王文二人相继命令本地官员修葺西安府学、文庙。此后，成化七年（1471年）迁建两县县学，成化九年（1473年）整修碑林、文庙，嘉靖九年（1530年）重修文庙、府学，嘉靖十二年（1533年）再次重修文庙、三学。这些常规工作都在按部就班地进行，但在嘉靖三十四年（1556年）发生了一场大变故，差点毁掉了西安碑林。

明嘉靖三十四年十二月十二日（1556年1月23日），"山西、陕西、河南同时地震，声如雷……渭南、华州、朝邑、三原、蒲州等处尤甚。或地裂泉涌，中有鱼物，或城郭房屋陷入地中，或平地突成山阜，或一日数震，或累日震不止。河、渭泛涨，华岳、终南山鸣。河清数日。压死官吏、军民奏报有名者八十三万有奇"。此次地震波及范围约2700平方千米。余震在半年内每月都有3至5次，5年之后才停止。因为震源在陕西华州，后世称之为"华县特大地震"，后世学者推测此次地震震级达到8级。

在这样巨大而惨烈的自然灾害面前，一直保存完好的碑林必然难以幸免，受到了严重的破坏。现存唐《开成石经》共有114块碑石，折断的有40方，占总数的三分之一还要多，未断者也是伤痕累累，其受损基本都是此次大地震造成的。可以想见，大地震发生时，大多数石碑扑倒在地，有的折断，有的损伤，保护碑刻的文庙、府学、县学建筑必然房倒屋塌，一片断壁残垣。

由于地震灾情极重，直到万历十六年（1588年），地方政府才对碑林进行了全面的整修。现藏于碑林的万历十七年（1589年）《重修孔庙石经记》记录了此次最为重要的整修过程，对于"凡点画失真者正之，苔藓污者新之，泐而欲敧者理之，文义断阙者稽群书补之，凡五阅月而《石经》完"。此次整修一共补刻了96块113面小碑刻，放在唐《开成石经》旁，共约53000字。补刻工作由府县三学教师及生员承担，在碑文中也一一记录了他们的姓名。

万历二十年（1592年），秦藩永寿王府辅国中尉朱惟熰个人出资黄金400余两，在文庙泮池前修建太和元气坊，牌坊左、右各建碑亭一座。万历二十二年（1594年），对碑林、文庙和府县三学进行了全面整修，西安人周宇作有《重修儒学碑》，指出当时的文庙、三学和碑林"迩年震圮相继，滋久滋剥，瓦有毁，栋有敧，庳有颓，檐扉阤陊，丹艧尘蚀，遂使愿观宗庙之美者瞻拜成叹"。因此，陕西巡抚刘光国命令咸宁、长安两县知县分别整修各自县学，又将文庙、府学、书院一分为二，文庙、府学在东，由咸宁县负责；正学书院在西，由长安县负责。此次整修虽说不是嘉靖华县大地震后的第一次，但确实是最全面、最重要的一次重修工程。在整个碑林修建的历史过程中，具有非常重要的地位。

西安碑林还与我国独有的金石学关系密切。金石学形成于北宋，北宋著名史学家欧阳修著有《集古录》一书，是金石学的开山之作；随后又有赵明诚的《金石录》，首次提出"金石"一词；至清代正式出现了"金石学"。金石学主要以商周青铜器文字以及秦汉以来的摩崖石刻、碑刻文字为研究对象，偏重于著录青铜器及石刻文字，并对其进行考证，以达到补正传世文献之目的。

清代是金石学的成熟期，也是金石学鼎盛时期。在考据学的影响之下，出现了大量金石学著作。碑林收藏了大量唐宋碑刻，是清代金石学研究的重要宝库。碑林有史以来唯一的一件碑目刻石也是清代乾隆十六年（1751年）所立，名为《石刻拔萃碑》，碑文分五截，分列当时碑林藏石70种。

清乾隆年间，陕西巡抚毕沅曾编写《关中金石记》，全书共8卷，著录了当时在碑林的碑刻64种，其中唐以前的碑刻30种，宋碑21种，金碑5种，元碑8种。仅金代碑刻就有非常知名的《华夷图》与《禹迹图》两种珍贵石刻地图，这也是它们首次出现在金石著作之中。清嘉庆年间王昶所著《金石萃编》堪称皇皇巨著，是清代金石学的集大成者，其中收录入藏碑林的51块石刻，包括唐碑25种、宋碑22种、金碑4种。光绪十五年（1889年），旅居西安的毛凤枝在前人的基础上，刊印《关中金石文字存逸考》12卷。书中收录碑林石刻52种，均是唐代及唐以前的名碑，并且著录了当时入藏碑林的隋唐墓志12种，这都是此前学者没有涉及的。

清代金石著作及《石刻拔萃碑》对我们了解清代碑林所藏唐宋碑刻具有非常重要的意义。但是，对于当时占据碑林藏石大半的明清碑刻，尤其是清代大量入藏碑林的当代碑刻，金石学家都吝惜笔墨，不肯著录在自己的著作之中。这让我们深感遗憾的同时，也感慨当年学者的严谨学风。毕沅在任时曾对明代及清代碑刻中品级不佳、附庸风雅之作进行过一番清理，希望能够"汰存其佳者"。这或许是清代金石学家对明清之际的碑刻不予著录的原因之一。

第十章　面条像裤带，油泼辣子是道菜

——影响至今的社会经济生活

明清时期，西安民俗丰富多彩、美食众多。面食最受西安人的青睐，牛羊肉泡馍、腊汁肉夹馍是流传至今的西安美食。明代中后期辣椒传入我国，老陕们开始了"油泼辣子是道菜"的红火生活。秦腔在元杂剧的基础上发扬光大，至明代中后期成为成熟的地方剧种。清代秦腔随着陕西商人的脚步，走遍大江南北，一度成为漕运重镇扬州城中最受追捧的戏曲。

一、爱吃面的西安人

西安人对面食情有独钟，城墙内外大小面馆星罗棋布，臊子面、油泼面、蘸水面、摆汤面、裤带面，品种众多，口味独特。西安人为何如此热爱面食呢？这与西安乃至关中地区的自然环境与农业生产密切相关。

西安位于关中平原的中心，关中平原东西长约360千米，南北宽约10～80千米，渭河自西向东横贯其中，沿渭河两侧形成了多级台地和冲积平原，被称为"八百里秦川"。这一地区自然条件优越，气候温和，年均降水量多在550～700毫米之间，非常适宜农业生产，是冬小麦的主要产区。

明清时期，在西安周边也种植水稻，如咸宁县的樊川，自隋唐时期就是水稻产地，明清时期种植面积更有扩大，鄠屋、鄠县一带也有稻米出产。不过这些稻田多半分布于秦岭与渭河之间，秦岭各峪口流出的河水向北流淌，最终汇入渭河。其间渠道纵横，水量充沛，适宜种植水稻。但关中平原地域广阔，水利条件好的农田毕竟只占少数，与水稻相比，小麦对水的需求量较小，简单的农田水利灌溉系统，如小河流灌溉、井灌等就能满足小麦的生长需求。

唐朝灭亡之后，长安城被毁，原本宏伟的都城逐渐沦为农田，供皇室贵族游乐的池沼渠水，由于年久失修，无人养护，多转为农业灌溉用水，或是逐渐干涸。曲江、兴庆池至明代均已干涸，被开垦为农田。据明嘉靖《陕西通志》记载，西安府下辖的蒲城、渭南、富平、临潼四县缴纳税粮最多。根据"视其地产"的原则，夏税缴纳小麦，秋粮则缴纳小米。这两种农作物均较耐旱，与关中地区的自然环境密切相关。一方水土养一方人，种植小麦的西安人爱吃面也就成了自然而然的事了。关中民俗八大怪中就有"面条像裤带"，也说明了西安人对面食的热情。

清末民初时，翰林院侍读学士、长安杜曲人薛宝辰著有《素食说略》一书，书中对面条的品种、吃法记载颇为详细："面条北方家家能作，然工拙高下，有不可以道里计者。大抵调碱合宜，揉面有法，则可以撑薄，可以切细，可以久煮而不断碎。其食时以何卤浇之，即以其名命之，无定也。其以水和面，入盐、碱、清油揉匀，覆以湿布，俟其融和，扯为细条。煮之，名为桢条面。作法以山西太原平定州，陕西朝邑、同州为最佳。其薄等于韭菜，其细比于挂面。可以成三棱之形，可以成中空之形，耐煮不断，柔而能韧，真妙手也。其余如面片、面旗之类，毋庸赘述矣。"同样是面，由于制作方法变化多端，不同的吃法，不同的配料配菜，形成了面食种类繁多的特点，为西安人提供了丰富多彩的美食享受。

二、油泼辣子是道菜

西安人爱吃面，面中的配菜同样大有讲究，红彤彤的辣椒是其中必不可少的佐料美味。关中人爱吃辣椒，关中民俗八大怪中就有一怪——"油泼辣子是道菜"。做油泼辣子选取好辣椒是关键。辣椒必须是关中本地出产的红尖椒，又称"秦椒"，以宝鸡和兴平出产的辣椒最受欢迎。本地的辣椒具有色泽红亮、皮薄肉厚、籽小、辣味适中、香味浓郁的特点，这种辣椒富含热量、营养丰富。农民把成熟的辣椒采摘下来，用结实的细线把一个个小辣椒串成辣椒串，挂起来晒干。需要用时取下辣椒，切成小段，放入锅中干炒，直到辣椒中残余水分完全蒸发掉，干辣椒段在炒制过程中发出清脆的响声时，将干辣椒段取出。再将其放入碾槽，把辣椒段磨成辣椒粉，油泼辣子中最主要的原料"辣子"就算准备好了。

下一步则是把配料准备好，八角、花椒、白胡椒、姜片、良姜、甘草、桂枝、桂皮、肉蔻、白蔻、丁香、毕卜，这些配料都是气味芳香的佐料，也必须碾碎成粉末状，越是细碎香味越足。这时候就将原先准备好的辣椒粉与佐料粉搅拌调匀，使二者充分融合。第三步则是选用上等菜籽油。油泼辣子里的"油泼"也是非常有讲究的，必须用陕西本地生产的菜籽油，而不能用花生油、芝麻油等其他油，因为菜籽油在高温烹炒之后香气尤其浓郁，油泼辣子的香味与菜籽油的选用关系非常大。将菜籽油倒入锅中，加热到180℃之后，关掉火源，冷却3分钟，这是为了防止菜籽油过热，将辣椒粉直接烤煳。第四步，稍等油温下降一些，把热油倒入早已拌匀的辣椒粉与佐料粉中，香味马上就会扑鼻而来。等热油完全泼尽，可将少许农家醋倒入盛油的锅或勺内，摇一摇再倒入刚泼好的辣椒中。香浓扑鼻的油泼辣子就大功告成啦！

秦人嗜辣是明清以来的事情，因为在此之前，辣椒还没有传入我国。辣椒原产于美洲，有着悠久的栽培历史。在墨西哥、秘鲁等地的考古发掘中多次发现辣椒的身影。可是15世纪以前美洲与其他各大洲隔绝，在漫长的岁月中，辣椒一直是美洲的特产。直到西班牙航海家哥伦布发现了新大陆，才将美洲的特有物种带到了欧洲，随后西班牙人、葡萄牙人又将辣椒传播到了世界等地。明万历十九年（1591年），杭州人高濂所著《遵生八笺》中记载："蕃椒，丛生，白花，子俨似秃笔头，味辣，色红，甚可观，子种。"对辣椒的形状、味道、颜色等做了简明扼要的记录，不过从"甚可观"三字推断，当时辣椒多用于观赏，而食用性并不强。明天启元年（1621年）《群芳谱》印行面世，作者王象晋在书中记载："蕃椒，亦名秦椒，白花，子如秃笔头，色红鲜，可观，味甚辣。子种。"这一记录明确提出"秦椒"一词，从名称来说，或许可以证实陕西早在明朝末年就开始了辣椒的种植。不过也有学者认为，当时的秦椒分为两种，一种就是辣椒，另一种是秦地出产的花椒。因为在《群芳谱》里有一个对花椒的小注释："以产自秦地，故名。今北方秦椒另有一种。"这另一种指的就是辣椒。但为什么辣椒被称为"秦椒"，而不是"川椒"或是冠以别的地名呢？由于古人留下的记载十分有限，这个问题一时之间还无法彻底搞清楚。不过，换一个角度思考，至少在明朝末年，秦人嗜辛辣已经是名声在外了，要不然辛辣刺激的食物绝对不会都与一个"秦"字沾边的。

到了清朝，清雍正《陕西通志》对辣椒有了明确记载："番椒，俗呼番椒为秦椒，结角似牛角，生青熟红，子白，味极辣。"这一记载就无可辩驳地把陕西人爱吃辣椒的历史追溯到了清朝前期，关中"油泼辣子是道菜"的历史绝不会晚于清雍正年间了。

关中人把油泼辣子作为一道菜，最初或许出于一种无奈，关中地区不像南方一年四季都有可采摘的蔬菜，更不像江南水乡可以下河抓鱼摸虾，本地冬季果蔬匮乏、气候寒冷，而辣椒有散热、发汗的兴奋作用，为了避寒取暖，关中人就把晒干的辣椒捣碎后长期食用，再辅以香辛料、菜籽油，于是出现了"油泼辣子是道菜"的饮食风俗。随着生活条件的改善，作为现代化都市的西安一年四季蔬菜瓜果供应不断，但陕西人爱吃辣椒的习惯一直延续至今，还大有发扬光大之势呢！

三、传统小吃扬美名

　　泡馍是西安著名小吃，历史悠久，不仅是西安人的最爱，外地人到西安出差旅游也必定要大快朵颐一番。泡馍料重味重，让人回味无穷。泡馍以优质牛羊肉、牛羊骨为主要原料，配上花椒、茴香、草果、桂皮等调味料，加入锅中，与牛羊肉、骨一起熬制，直到肉烂汤浓，捞出牛羊肉即可备用。既然是泡馍，那么馍必然是主角。虽然名为"馍"，其实就是由未发酵的死面烤制而成的饼子。顾客进店享用泡馍，付款之后，店主必然递过一个大碗，碗中放着馍。顾客找位置坐定，就开始把这馍掰成小瓣的馍块，然后交由后厨用牛羊肉汤煮馍。这就是西安牛羊肉泡馍的大体流程。

　　西安制作泡馍的店基本上都是本地回民开设，回坊里的泡馍店大多是祖辈传下来的家族产业，食客们也认为牛羊肉泡馍还是回坊的最纯正，香气诱人、肉烂汤浓。因此，西安的牛羊肉泡馍也可以说是回民特色小吃。不过，不知大家注意到没有，吃泡馍时店家总会提供两只小碟子，一碟糖蒜，一碟水辣椒。可别小看这两种佐餐小菜，它们只与泡馍固定搭配，除此之外，西安饮食从不见糖蒜和水辣椒的踪迹。这是为何？其实小小一碗泡馍，其中也深深地打下了民族文化交融的烙印。

　　清代西安回民聚居在城内西北的回城，这一区域与满城只隔着一条北大街，而且回城东侧就是陕西巡抚衙门。回民多以经营特色饮食为业，满城里的满洲人、蒙古人以及衙署官员自然是泡馍的消费主力。泡馍香气浓郁，汤汁丰美，不过吃起来多少会有些油腻。为了减轻牛羊肉泡馍的油腻感，更适合自己的口味，满洲人吃泡馍总是带上自家腌制的民族小菜——糖蒜与水辣椒，这两种小菜迥异于关中本地粗犷的饮食风格，但除腥去腻的功能却是实实在在。回民发现了主顾的需求，也开始制作起了这些小菜，一大碗泡馍、一小碟糖蒜、一小碟水辣椒俨然成为西安牛羊肉泡馍的标准搭配。一碗好吃的牛羊肉泡馍居然是各民族生活习俗互相交融的产物，这也是清代西安城留给后人的一份美味的礼物。

　　说到回民的牛羊肉泡馍，就不能不说汉族传统小吃腊汁肉夹馍。有学者将西安肉夹馍的历史一直追溯到唐代的饼，唐人"世重饼啖"，都城长安流行有烧饼、槌饼、薄饼、胡饼、蒸饼、汤饼、煎饼、笼饼等多种饼类。不过唐代的饼是什么样的，大家都没有见过实物。西安肉夹馍的历史，可信的资料可以追溯到清朝后期。光绪年间，西安城内有两家知名的腊汁肉摊子：一处是位于城西南五味什字的王根儿腊汁肉，一处是位于城南卢进士巷（今芦荡巷）的樊记腊汁肉铺。

据传，王根儿腊汁肉是用祖传的腊汁肉汤煮制，腊汁肉则选用最好的猪硬肋肉，用八角、花椒、草果、丁香、良姜、蔻仁等20多味佐料烹制而成。他家熬制的腊汁肉，肉烂而不散，味浓而不腻。清末时，王根儿只是一副担子摆在五味什字固定售卖，上午10点卖到中午12点左右，在这两个小时之内，附近店家及老主顾按时去买，这种个体小本经营方式延续多年，生意非常兴隆。其家族成员以售卖腊汁肉为业，历经数代传人，直到20世纪50年代初才停业。

樊记腊汁肉铺子的主人樊炳仁，原本是蓝田县人，清光绪三十年（1904年），举家迁入西安城内卢进士巷，在商贾云集的南院门一带经营腊汁肉。据说腊汁肉汤同样是祖上传下来的，樊家的腊汁肉汤不加生水，不加酱油，而是以陈腊汁为汤，以汤色美化肉色，因而肥肉不腻，瘦肉无渣，令人食后回味无穷。与王根儿不同的是，他家烤制的馍是硬馍，而不是上锅蒸出的白馍。刚烤制出来、热气腾腾的硬馍，配上鲜美细碎的腊汁肉，让食客垂涎三尺。新中国成立后，樊记腊汁肉铺迁至西大街南侧的竹笆市营业至今。现在西安街头有不少"樊记"连锁快餐店，主打本地特色小吃，肉夹馍仍是其中的当然主角。这也是清代传承至今的西安传统美食。

四、秦腔不唱吼起来

　　中国地方戏曲种类繁多，秦腔作为重要的地方剧种，分布在今天的陕西、甘肃、宁夏等西北各省区，甚至新疆也有专业的秦腔剧团。它的唱腔高昂悲怆，感染力强。"关中八大怪"有一怪名为"秦腔不唱吼起来"，百姓也习惯于说"吼秦腔"，而不说"唱秦腔"。

　　秦腔历史源远流长，有学者将流传至今的元代杂剧与秦腔剧目进行了比较研究，发现秦腔有46种剧目与现存元杂剧剧目内容一致，或是基本一致。而今天我们能看到的元杂剧剧本有162种，与秦腔相同剧目几乎占到元杂剧总数的30%，这应当不是一个偶然的现象。比如说，元杂剧有《辅成王周公摄政》，秦腔有《周公征东》；元杂剧有《庞涓夜走马陵道》，秦腔有《马陵道》；元杂剧有《张子房圯桥进履》，秦腔有《圮桥授书》；元杂剧有《破幽梦孤雁汉宫秋》，秦腔有《昭君和番》；元杂剧有《诸葛亮博望烧屯》，秦腔有《火烧博望屯》；元杂剧有《程咬金斧劈老君堂》，秦腔有《三劈老君堂》；元杂剧有《崔莺莺待月西厢记》，秦腔有《西厢记》；等等。上述剧目的存在，虽然不能说秦腔就是元杂剧的正宗传承，但至少可以说明秦腔作为北方剧种，受元杂剧影响极深，有着明显的历史传承脉络。

秦腔是在明代兴起的。明初，秦王朱樉、朱尚炳父子笃好戏曲，在王府内设有教坊，演戏作乐，并把民间戏班选入王府，供其娱乐。秦王府还常以戏班招待来访官员，明成化、弘治年间，王越主持西北边务，在西安拜谒秦王时，秦王就请他听曲看戏。万历三十七年（1609年），袁宏道奉命在西安主持陕西乡试，也由秦王府乐人演出戏剧、杂剧及地方戏。明代著名戏剧家汤显祖作《寄刘天虞》诗云："秦中子弟最聪明，何用偏教陇上声。半拍未成先断绝，可怜头白为多情。"可见当时的"陇上声"已经非常流行，而汤显祖对其特点也是了如指掌，说它"半拍未成先断绝"，戏曲风格慷慨悲壮，多有白头悲苦之音。

享誉明朝文坛的"前七子"中有三位陕西人，李梦阳是陕西庆阳人（今甘肃庆阳），康海是武功人，王九思是鄠县（今鄠邑区）人。武功、鄠县当时都属于西安府辖县，康、王也属于广义上的西安人。这二人官场失意，辞官归隐，由文学转向戏曲，化雅为俗，挖掘了很多民间乐曲，共同创造了一种名为"康王腔"的唱腔。此后，朝邑人韩邦奇、韩邦靖兄弟也曾潜心研究秦声的创作，他们对陕西地方戏曲的发展产生了强力推动作用。在明万历四十八年（1620年）抄录的传奇剧本《钵中莲》中，已经出现"西秦腔二犯"的曲子，曲词为七言句式，上下对句，已经合乎后世的板式变化规范。由此可知，最迟到明代中后期秦腔就已经发展壮大起来了。

到了清代，有关秦腔的记载逐渐增多，秦腔进入了历史繁荣期。清康熙年间，著名戏曲家孔尚任曾作竹枝词云："秦声秦态最迷离，屈九风骚供奉知。莫惜春灯连夜照，相逢怕到落花时。"清康熙四十四年（1705年）夏，安徽人张潮复信陕西人张鼎望，他在信中说："溽暑中忽拜琅函，得兼大著《秦腔论》，快读一过，如置身'鲁桥八景'中。听抑扬抗坠之妙，不觉色飞眉舞也。"信中又说："不识贵地之秦腔，在元曲宫调之内乎？抑另成一种文字乎？或全本故事乎？抑零出杂剧乎？"信中提到的"鲁桥"，就是今天的三原县鲁桥镇，明清时期的鲁桥商贾云集，是关中通往陕北的必经之地，商贸盛极一时。商业活动的兴盛带动了地方戏曲演出的热潮。张潮对秦腔的源头也深感兴趣，他在信中一再追问张鼎望，秦腔与元曲是否有关。清末徐珂编纂的《清稗类钞》也提到："戏曲自元人院本后，演为曼绰、弦索二种，弦索流于北部，安徽人歌之为'枞阳腔'，湖广人歌之为'襄阳腔'，陕西人歌之为'秦腔'。"

清朝人对于秦腔的熟悉与了解，又与当时陕西商人外出经商关系密切。扬州是明清漕运重镇，盐、布匹、丝绸、皮草都是商贸流通的重要货物。关中商人南下扬州，为秦腔在全国的传播创造了良好的条件。清康熙年间，费轩《扬州梦香词》中提到："扬州好，几处冶游场。转串大秦梆子曲，越邻安息棒儿香，一觉十年长。"魏荔彤《江南竹枝词》中也说："由来河朔饮粗豪，邗上新歌节节高。舞罢乱敲梆子响，秦声惊落广陵潮。"清乾隆年间，秦腔名伶魏长生长期在扬州演出，掀起了一波秦腔热潮。秦腔唱腔高亢激扬，气质慷慨悲凉，明快激烈，字多腔少，通俗易懂，符合中下层百姓的欣赏口味，赢得了广大戏迷的热烈追捧。但清廷认为以秦腔为代表的"花部"戏曲不是雅音，甚至以维持风纪、淳化民俗为由，禁止淮扬一带演出秦腔。这也说明秦腔走出了陕西，走向了戏曲文化最为繁盛的江淮地区，在全国影响广泛，以至于引起了清朝统治者的高度关注。陕西地方戏曲与民间艺术的代表——秦腔——在明清时期高度发展、臻于成熟。我们为今天还能欣赏到这一古老的剧种感到荣幸，感谢先辈留给陕西人宝贵的非物质文化遗产。

结　语

　　20世纪50年代末，著名文史学家武伯纶先生撰写了《西安历史述略》一书，向广大读者介绍西安自蓝田猿人、半坡人以来的悠久历史。在介绍了秦汉隋唐时期长安的辉煌历史之后，武先生继续叙述长安失去首都地位之后的历史，并认为明清时期的西安处于"长期的停滞状态"。不过，我们如果细致地考察明清时期关中地区的历史就会发现，中国封建社会末期，以西安为中心的关中地区，并不能笼统地用"衰退"或"停滞"这样简单的一两个词汇来定义或概括。尤其是西安城，虽然不复十三朝都城时期无与伦比的政治、经济、文化地位，不再是盛世大唐那座万国来朝的国际大都市，但它在明清时期的陕西地区乃至整个西北地区，依然是政治、军事重镇，更是社会文化发展的绝对中心。

首先，明清时期的西安是西北地区的政治中心与军事重镇。明朝初年，明太祖朱元璋封第二子朱樉为秦王，坐镇西安，为天下第一藩封，目的在于从政治上控御西北。明王朝耗费巨资修建城高池深的西安城，将西安建成西北地区最为坚固的要塞，同样是为了在军事上巩固国家的北部边防，这充分彰显了古城西安在雄才大略的明太祖心中极其重要的政治和军事地位。

明末农民战争中，李自成率领农民起义军在关中的决战中击溃明军，才彻底断绝了明王朝的气数，其攻占区域广大，却独独选择在西安城登基称帝，建立"大顺"政权，改西安为"长安"，作为都城，更说明了西安在天下人心中无可取代的政治地位。

清顺治二年（1645年），刚入关的满洲人，就在西安城内兴建全国第二大满城，让满洲八旗驻防其中，以加强满洲人对西安、陕西乃至西北地区的军事威慑力。康熙年间，康熙帝西巡，在西安城检阅官兵，会见蒙古各部王公及西北各地贵族，大宴群臣，更体现了西安在清朝统治者眼中的政治和军事作用。即便是饱受列强蹂躏的清朝末年，当八国联军的铁蹄踏破京师，慈禧太后仍以西安为逃难的不二选择，也从反面说明了西安正是清朝统治者心中除北京之外最适宜作为都城之地。

纵观明清历史，正可谓西安宁，则陕西定、西北平。明清时期的西安非但不是一座可有可无的废都，反而无论是明清封建王朝，还是大顺农民政权的统治者，都非常清醒地认识到了这座古城对于国家整个西北地区的重要意义。

其次，明清时期的西安不仅是控御西北的政治中心、军事重镇，社会文化也迎来了繁荣发展。明清时期，关学复兴，官方与个人都积极投入地方文献的编纂，追溯汉唐的辉煌，嘉靖《陕西通志》便是在这一文化氛围之下出现。这一时期西安地区人才辈出，有高陵人吕柟、长安人冯从吾、盩厔人李颙等关学大家，也有鄠县人王九思等文坛巨擘。冯从吾在关中书院讲学，李颙以隐士自居，对康熙皇帝的召见坚辞不出，表现了高尚的气节。

明代中期，关中文化兴盛，地方文士为找到文化根脉，积极修筑先贤祠墓，为本地文化张目。其中寻访董仲舒墓、建董子祠等活动，在今天看来，不仅声势浩大，也颇为妙趣横生。清代金石学极为盛行，西安碑林里的唐宋名碑再度焕发了青春，这一时期的搜集与保护，为后代留下了无比宝贵的文化遗产。

明清西安城内的百姓文化和日常生活也丰富多彩，其中饮食文化不仅体现了寻常百姓的生活状态，也反映了当时的农业发展和经济形态。各式各样的面食、牛羊肉泡馍、腊汁肉夹馍等陕西特色的美食都是明清时期流传下来的。随着辣椒的传入，西安的餐桌上多了一碗红彤彤的油泼辣子，成为今天研究陕西乃至西北民俗文化绕不开的一道母题。此外，秦腔在明代成熟，在清代大放异彩，成为百姓日常生活的最大乐趣。

最后，明清时期西安各民族和睦相处，宗教信仰多元而和谐，汉传佛教、藏传佛教、道教、伊斯兰教、天主教都在西安城中和谐共生，留下了众多历史遗迹。宗教信仰也与政治生活密切相关，藏传佛教寺庙广仁寺由康熙皇帝下旨兴建，它是尊重蒙古族、藏族等民族宗教信仰的产物，同时也见证了康熙皇帝笼络蒙古族、藏族上层人士的高超政治手段。西安回民围绕清真寺居住，明代兴建的化觉巷清真大寺、大学习巷清真寺是历史的见证者，见证了三宝太监郑和为下西洋，在西安选取阿拉伯语翻译的往事。

综上所述，明清的西安非但不是一座停滞不前的废都，反而是中国封建社会后期，整个西北地区的政治中心、军事重镇，具有统摄整个西北地区的重要作用。这一时期，以西安为中心的关中地区社会文化蓬勃发展，地域文化繁盛，农业经济发展，百姓生活丰富多彩，多民族和谐共处，多种宗教文化交相辉映……明清时期，不是古都西安的结束，而是一种全新的开始，它为现代西安的发展奠定了一系列的物质和文化基础。这才是明清时期西安的本来面目，也是我们后人不断地探寻、研究明清西安历史的真正意义所在。

王浩远